甲骨集古詩聯上編

簡經綸 著

西泠印社出版社

甲骨集古詩聯上編

丙子冬日

吴湖帆

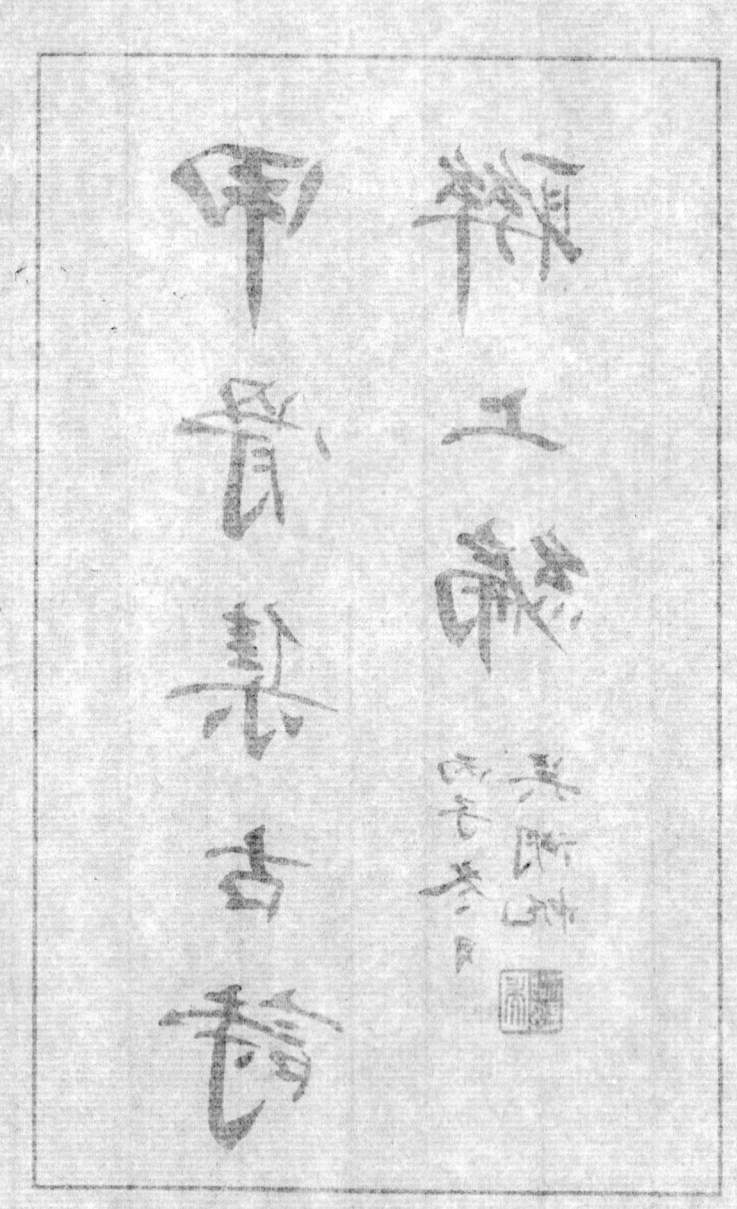

余曩共序秋平子所印漢晉木簡嘗示木簡与甲骨為近世二大發見蓋此二者之發見實与吾國考古學歷史学文字学文藝学以極大之衝動与補助非直守叢殘供玩賞而已吾國字體之構造與夫書法自古即成為藝術然近者此道日益衰落余恆以為苗拘于積習乃但不能推陳出新且并古人長處亦未多見第沉淪于形骸

糟粕相与絜長較短而不知其全沒交涉也自漢晉木簡出而世之人始知隸分章草之真相因以窺其結構筆法而知行楷之所從出自甲骨出而世之人始悉籀書以前字體畫法而知大小篆之所從出此不能不于字学有裨抑習書者欲循流溯源以探奧窾若亦實習切管鑰也簡君琴齋擅畢思勉学尤耽書法窮究歷代碑碣彝鼎鉩印

之屬，其亦既有年。近乃蒐摭甲骨文字，凡
書之楷刊之，印其非此不愉明之久，因就其
文字用合昔人詩句，以為游樂，宜遣暑山居，
遂成此帙。友好爭頌言甚巧，余以為集組
成文，和聲合律，本非難事，此亦足以重
琴齋。獨琴翁書法浸漬于古者日以深，
其點畫神態，間不期然而上追三代之遠。
其既也，將融會貫通，別啓途轍，不復為往
者之撤楷所限，于書法寖有推陳出新之望，
將緣是而發其端，此則吾人所為深企者。于
此冊付印之始，附為識其凡焉。

民國二十五年十二月　葉恭綽

玺印之始，其在商乎。昔人饶称秦玺汉印，至陈介祺始辨其有用物。于今乃见商玺，外作亚形，中象以毕捕鸟，两旁作丅形，阳识，鼻纽，出于河南之安阳。至明文彭乃以刻印著。以冻石刻印，署名于印侧自彭始。彭以前非无印也，以铜以玉以木以牙，质不任刻，故为之者鲜也。厥后印人蔚起，箸于周亮工之印人传，汪启淑之续印人传。乾嘉以来则有浙皖两派。浙派以丁敬黄易，皖派以邓石如为之魁。二派皆称仿古，浙用巧而皖用拙，故

形成各具其面目。晚近盛称赵之谦，折衷于二派之间，能以镜币瓦甓之意入印焉。余弱冠从の愚邓尔疋学治印，规模黟县黄士陵，士陵皖派之后劲也。窃谓书画篆刻非变不足以传，而余之资禀既不足以言变，遂乃舍去而专治古文字。十五年前，从家姊仲生画师许乃见琴斋先生印，以破碎为高古，心惊其腕力沈雄而未善也。今年春，琴斋以印留见贻，仿周玺绝工，去跡弛而範以驰驱，盖能出乎古而入乎古矣。今夏，琴斋避暑莫

千山，以甲骨文集詩以十数首，集联以百二十对，刻印以百数十方，將印行之。昔之见一商鉨称为印祖者，亡于巫斋化身为十百，而說叢巫斋之学古而善变也。浙皖之外，余将以粤派魁巫斋丁乎。

中華民國卅五年八月容庚序于燕京大学

殷虛甲骨文字経諸家考釋其可識者才千百餘顧此千百字中人名祭名地名及不適用于今者又居十之三四々就此有限之文集而為聯為詩裒然成帙不其難乎吾師上虞羅先生始集為聯語継之者章式之王君九高遠香戴迴雲諸家其集為詩者則有葉菼漁之流于于研究文字之暇間嘗集為楹聯書貽同好媲布工也吾友簡

君琴齋夙通歐西文學歸國後理董國故比歲攻治甲骨文字于形聲義三者時々覙其會通々夏避暑莫干山曾未市月集詩三十餘首聯語百又四十餘其集詩成聯集句成章對偶用韻獨具匠心有為儕輩所不逮是能以考據而兼辭章者也雖然君于二篆八分以降之書靡不瓌瑋工妙至肖其體而橅印之術亦精

尤意仿效甲骨文字鍥而不舍得于古者
深矣蓋君天資睿敏勇于治學其攝于
眼而蓄于心者誠不可測若夫此編則為
遊藝之餘事烏足窺君之所詣哉
廿五年雙十節番禺商承祚敘于古先齋

自序

余從游於略石吾蒙制攻究古籀文字歷今將三十年每以兼讀殷商貞卜鐵文書至乃筆生自至然風韻特又承異學究熟曷味因篆之書錄予與商君錫永承祚友善其因攻甲骨文學多年輯殷虛文字類編殷虛佚存行世余於兄白門寓談見日稿明甲骨精華因意尚未有以甲骨文字入書者每欲一試乃筆探書之文字撰格乃搜求各家諸文釋書字向完且者因而擇錄歷半載方得千之著為字不限適於圖者十廿一二七年友小住黃山能在停主人張君樺鑠為策勤並借讀弱爲務摘示遍自乃改得向世畫千之不第矣

爲印文組織詩以篇亦須多而得第
詩以圖于哲慧較組而難工耳於
生世甲骨文作之可儘者也千百倍次
之貞卜禳祭求文從字順而無通
叫與者謀何容易錄篆亦可通假
而得難懂當山中又奏友王子秋高
善晨夕爲推敲製換後並言自六
首取而之提正定稿凡得詩百有四十。

餘集詩三十餘首可納自遣一笑用
惺惘業中甚至撒見惠贈付梓人
敢云小道可觀庶或異于博雅究
者以爲消夏記解悶錄爲可耳
二十五年六月簡琴齋撰於序於北
千山上頤居

[illegible]

[illegible]
[illegible]
[illegible]
[illegible]
[illegible]

[illegible]
[illegible]
[illegible]
[illegible]
[illegible]
[illegible]
[illegible]
[illegible]

萬物並作 老子

天下為公 禮運

知風之自 中庸

如日方中 詩經

。

出入貞吉 周易

品物咸亨 周易

南山律律 詩經

春日遲遲 詩經

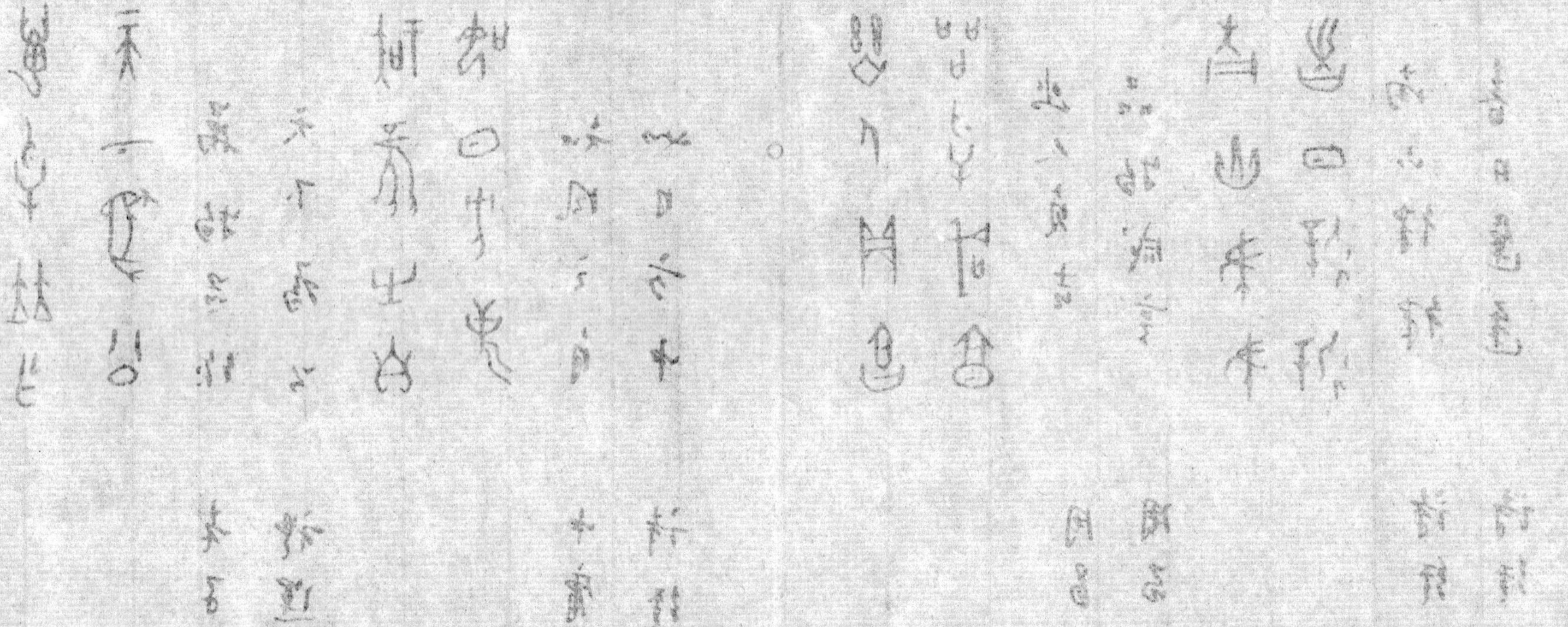

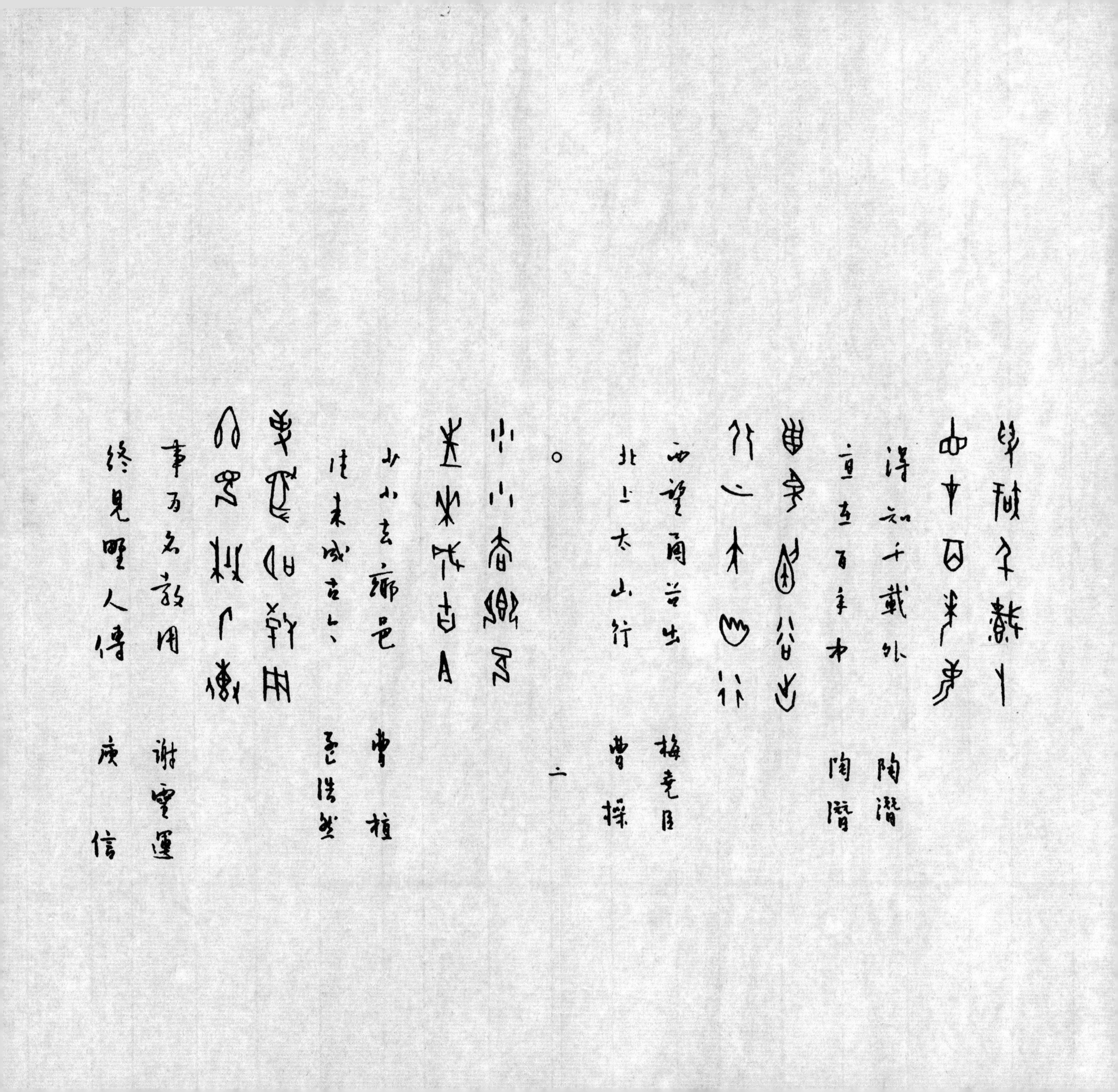

得知千载外　陶潜

直在百年中　陶潜

西望商岩出　梅尧臣

北上太山行　曹操

。

小小去乡邑　曹植

往来成古今　孟浩然

事乃名教用　谢灵运

终见圣人传　庾信

君子有终吉 周易

家人利女贞 周易

长安一片月 李白

南国万家春 杜牧

车马不相識 谢尚

矢石自無休 獨孤及

畴昔逢知己 庾信

亦時自識人 王维

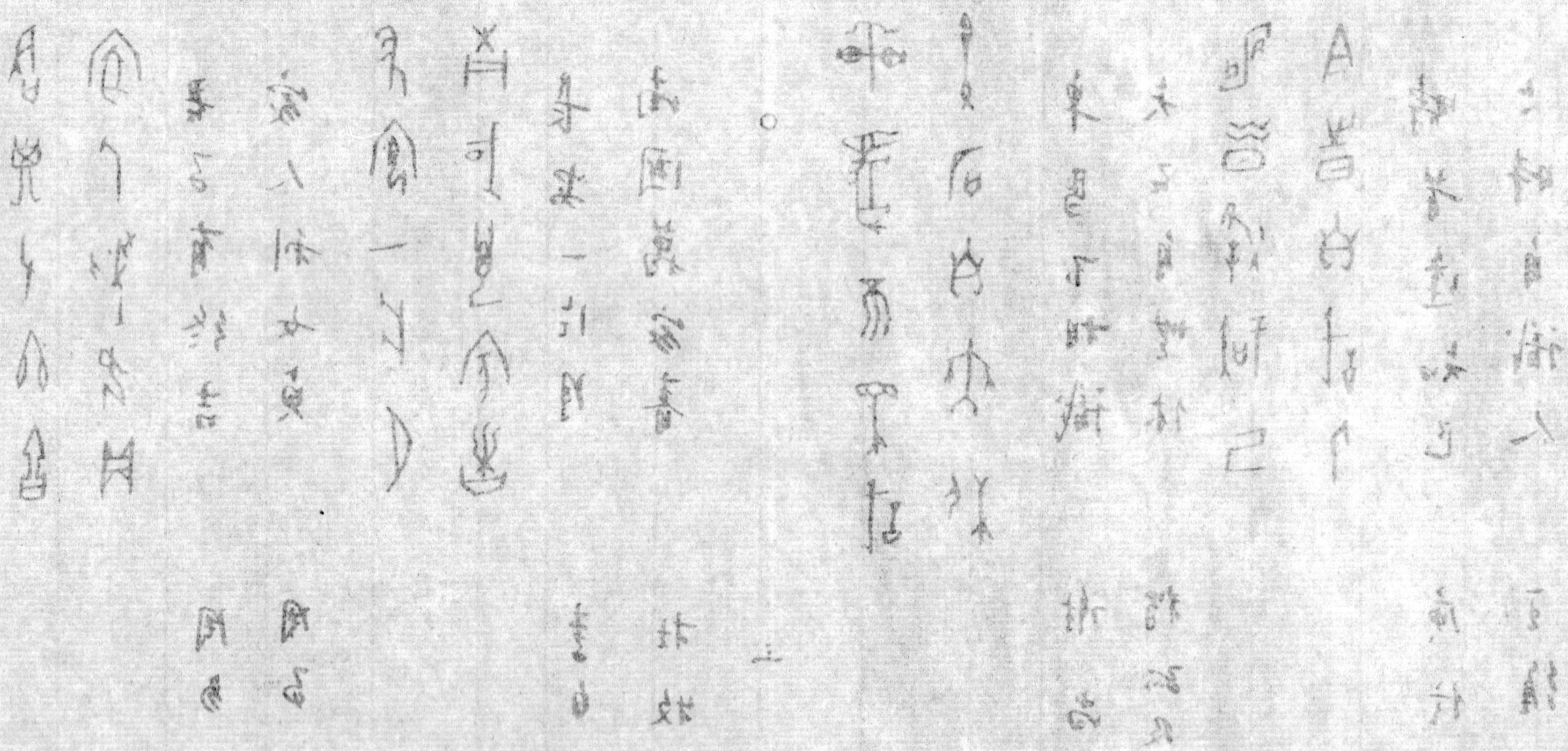

東風春自足　司空曙
滿山月更明　崔魯

亦足張南北　王士禛
休問自東西　高蟾

。

雨時山不改　杜甫
春好客歸遲　黃軫

林泉舊時客　宋之問
風雪夜歸人　劉長卿

得酒相逢樂　蘇軾

知名未足稱　杜甫

一燈傳歲月　羊士諤

三秋有大年　王維

○

客〻山依舊　耿湋

年〻事不同　耿湋

東山客歸去　薛稷

深林人不知　王維

出谷春光好
古樹夕陽溪

王貞白
孔平仲

自得山中樂
犹疑林下逢

李觀
劉長卿

○

六

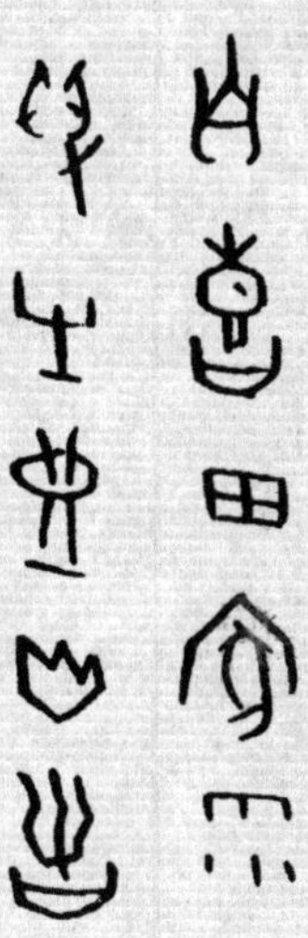

自喜田家雨
得之烟山春

盧象
賈島

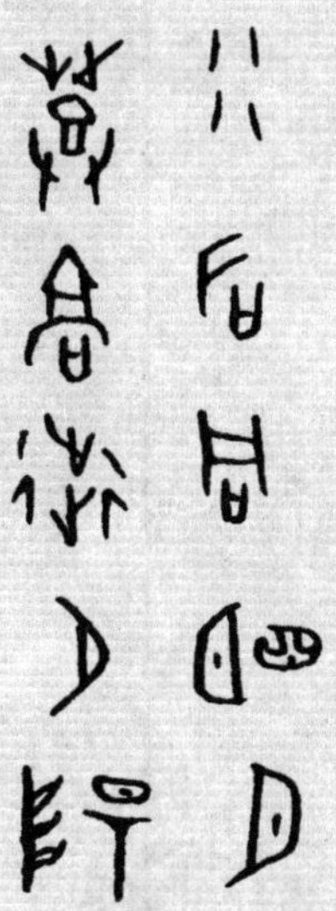

別後同明月
登高失夕陽

王維
陶翰

行世有千首　劉克莊

買山無一錢　劉克莊

使君傳舊德　杜甫

行子得良時　杜甫

明時未得用　高適

白首徒工文　高適

悠悠西林下　王維

行行秋水濱　高適

雪後春風至　令狐楚

年來葉月同　駱賓王

○

有客山相對　鄭畋

無家水不通　張籍

八

相逢知有得　蘇軾

亦自古來傳　梅堯臣

共樂歸于一　白居易

相逢良在茲　方干

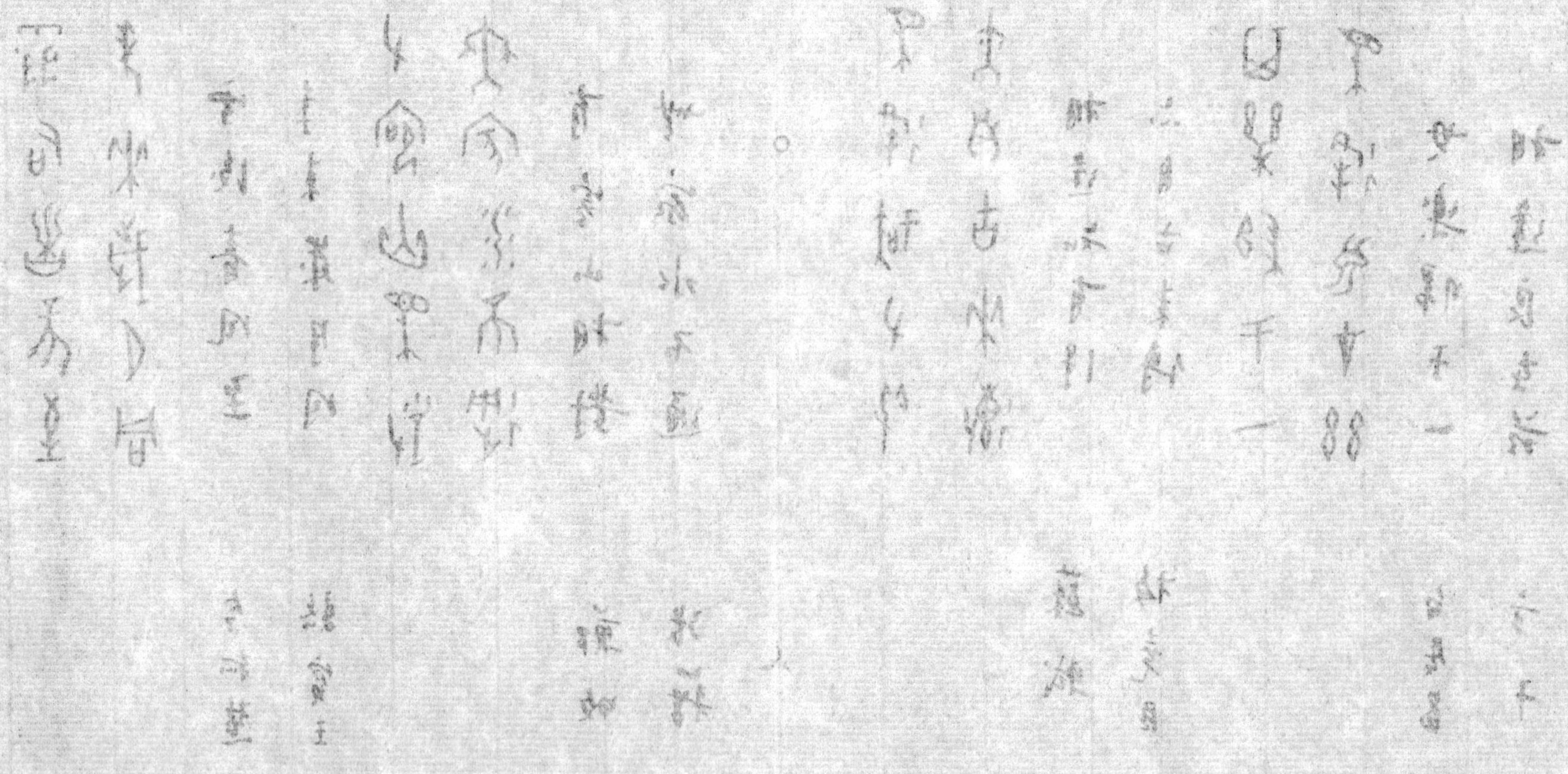

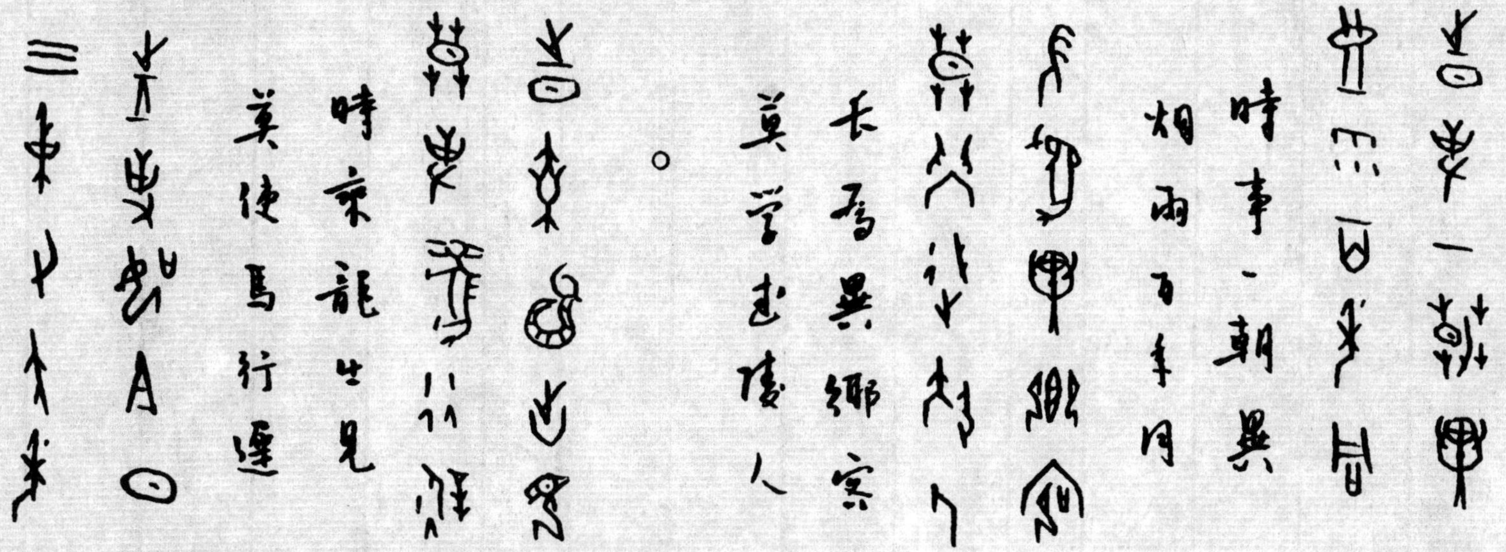

時事一朝異
烟雨百年同
鲍照　李遠

長為異鄉客
莫學述懷人
于逖　裴迪

時來龍出見
莫使馬行遲
殷遙　岑參

往事如今日
三秋有大年
鄭嵎　王維

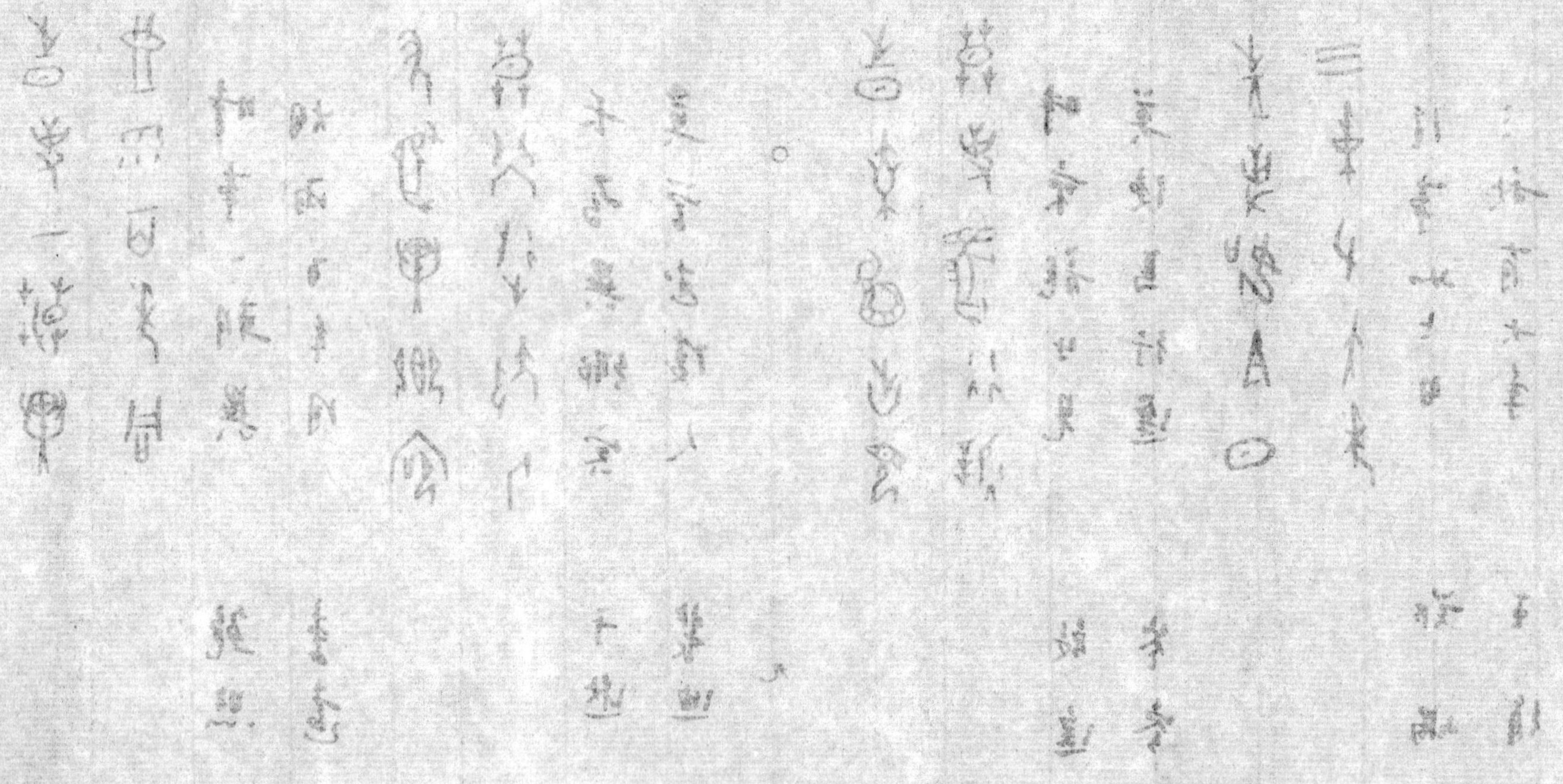

好雨知時節　杜甫

春風帶夕陽　濤点

田家有良樂　盧照

山水喜相逢　何希堯

山暮春風至　游九言

天高秋月明　謝靈運

雲從白鳥去　王禰

雨自北山來　景覃

田家有永樂　盧照

行客不知名　柳渾

百年同一室　周子充

萬事不如人　程俱

十一

前賢樂齊物　韋述

老子去世爲　岑參

入朝千萬壽　梅堯臣

成名三十年　梅堯臣

昔日交游盛

张籍

于今饮酒多

梅尧臣

天下有至乐

莊子

亦以世取時

陶潜

○

鲁寡多归舆

韩翃

此人得自由

方岳

以文长会友

祖咏

解印無与言

钱起

鳥從烟樹宿
孟浩然

月在故鄉明
張祜

山明疑有雪
庾信

月白遲長風
薛能

。
十三

不如飲美酒
古詩十九首

小明謝時人
李白

行行至吳會
曹丕

日日出東山
王周

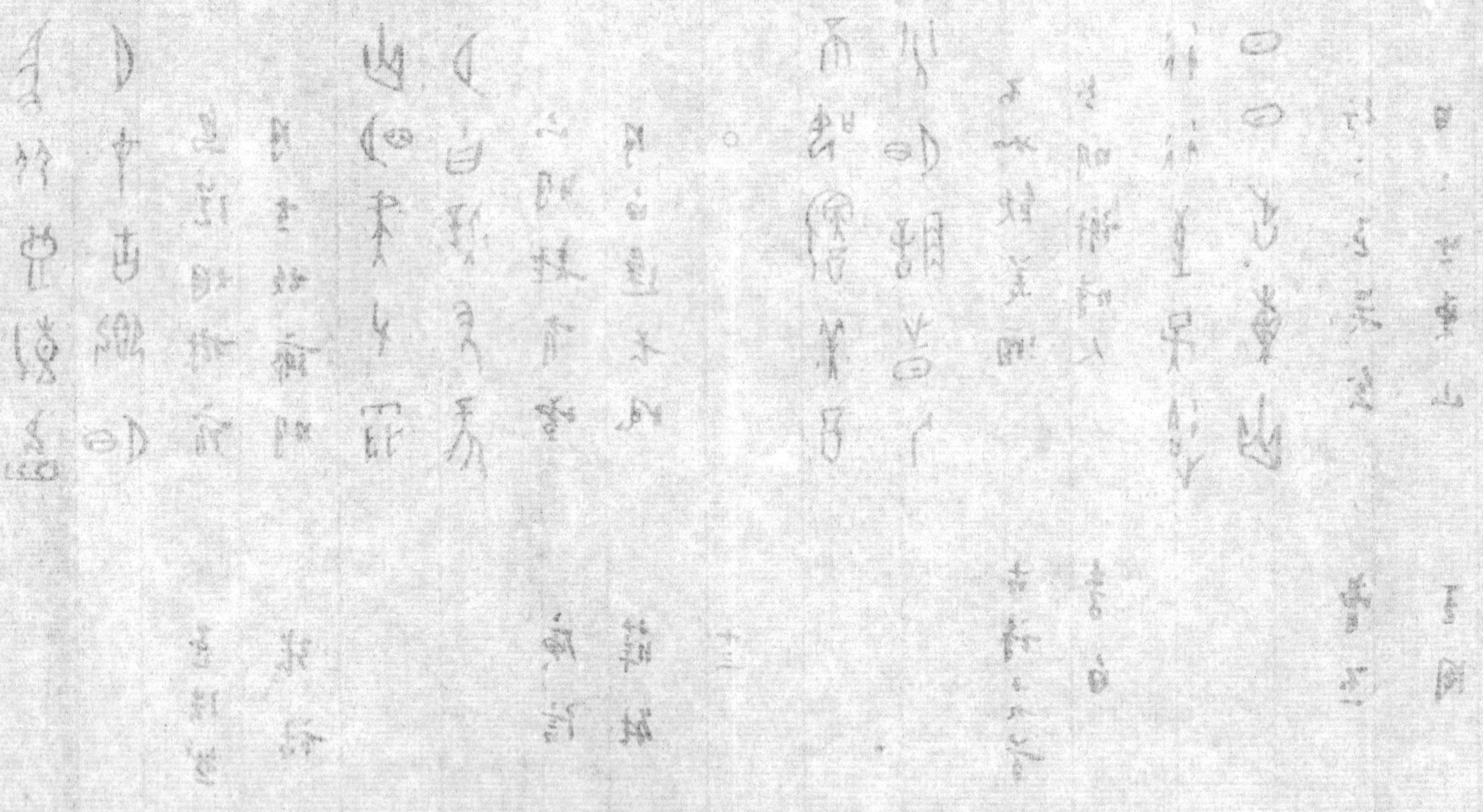

春風歸草木
明月出山川

宋李宗
陳子昂

大山竟日出
伊水尋魚游

徐堅
翁卷

不隨風相得
歸來月正明

梅堯臣
杜牧

雨雪侵南國
明月出東山

劉駕
李夢陽

四時自成歲　陶潛

萬物各知秋　祖詠

秋從梅樹外　武陵

春在雪山中　宗元

得之喜不寐　蘇軾

相對樂無休　王駕

明月雪時好　羅隱

東風日已和　韋應物

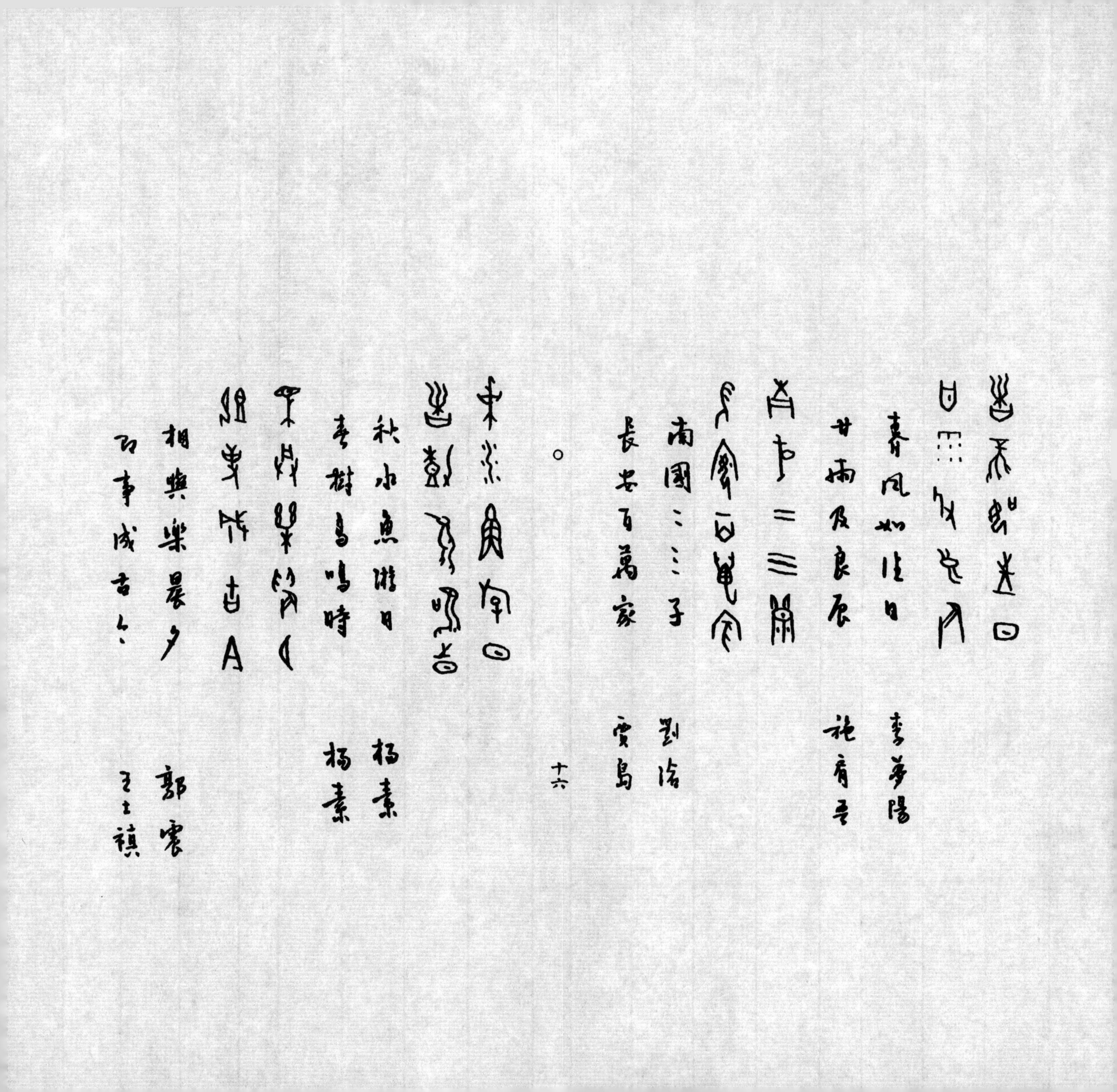

春風如生日
甘雨及良辰

李夢陽
祝育吾

南國二三子
長安百萬家

劉洽
賈島

○

秋水魚游日
春樹鳥鳴時

楊素
楊素

相與樂晨夕
百事成吉々

郭震
王士禛

山前初見月　李呂詩
壺中別有天　羅隱

人事年年異　李夢陽
春風物物同　李夢陽

十七

高林月初上　温庭筠
故山人亦歸　林亦之

文物京華盛　楊巨源
春光上國遊　郎士元

昔人懷井邑　李白

遥日復山川　杜甫

會合千載後　楊廣

同游三月時　張籍

雪後春山白　許琳

天高秋月明　謝靈運

我友二三子　韓愈

知名四十年　張籍

不爲良知在　羅隱
猶得女年豐　王建

秋入風光好　徐堅
春明草木深　劉豫

十九

往來無盡日　劉長卿
相對亦忘言　劉長卿

好水好山宾去　張堅
有風有雨人行　王建

豐年今來吉往
多少秋月春花
朱熹 朱熹

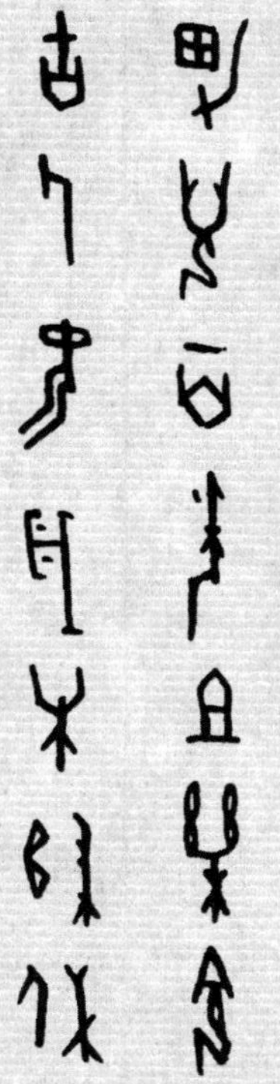

男兒百年且乐命
故人中業未歸休
李白 林寬

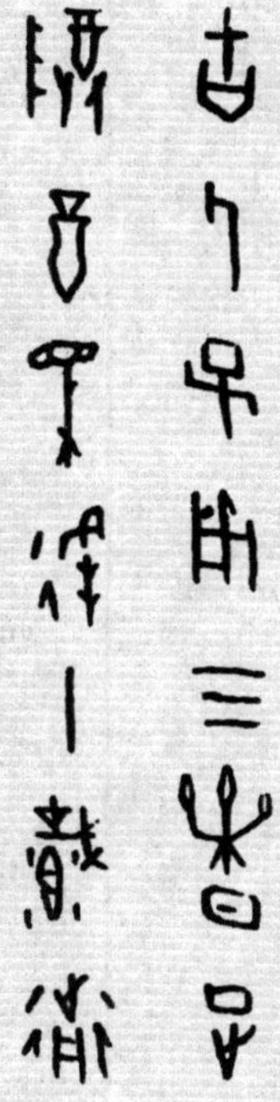

古人已用三冬足
樽酒相逢十載前
杜甫 韓愈

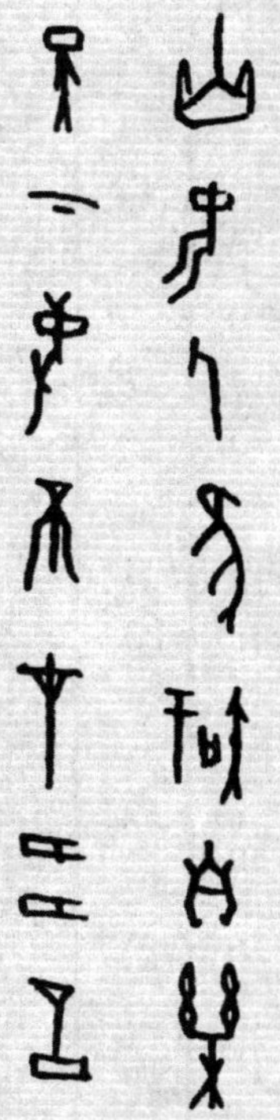

山中人唯知自乐
天下事不在多言
俞樾 俞樾

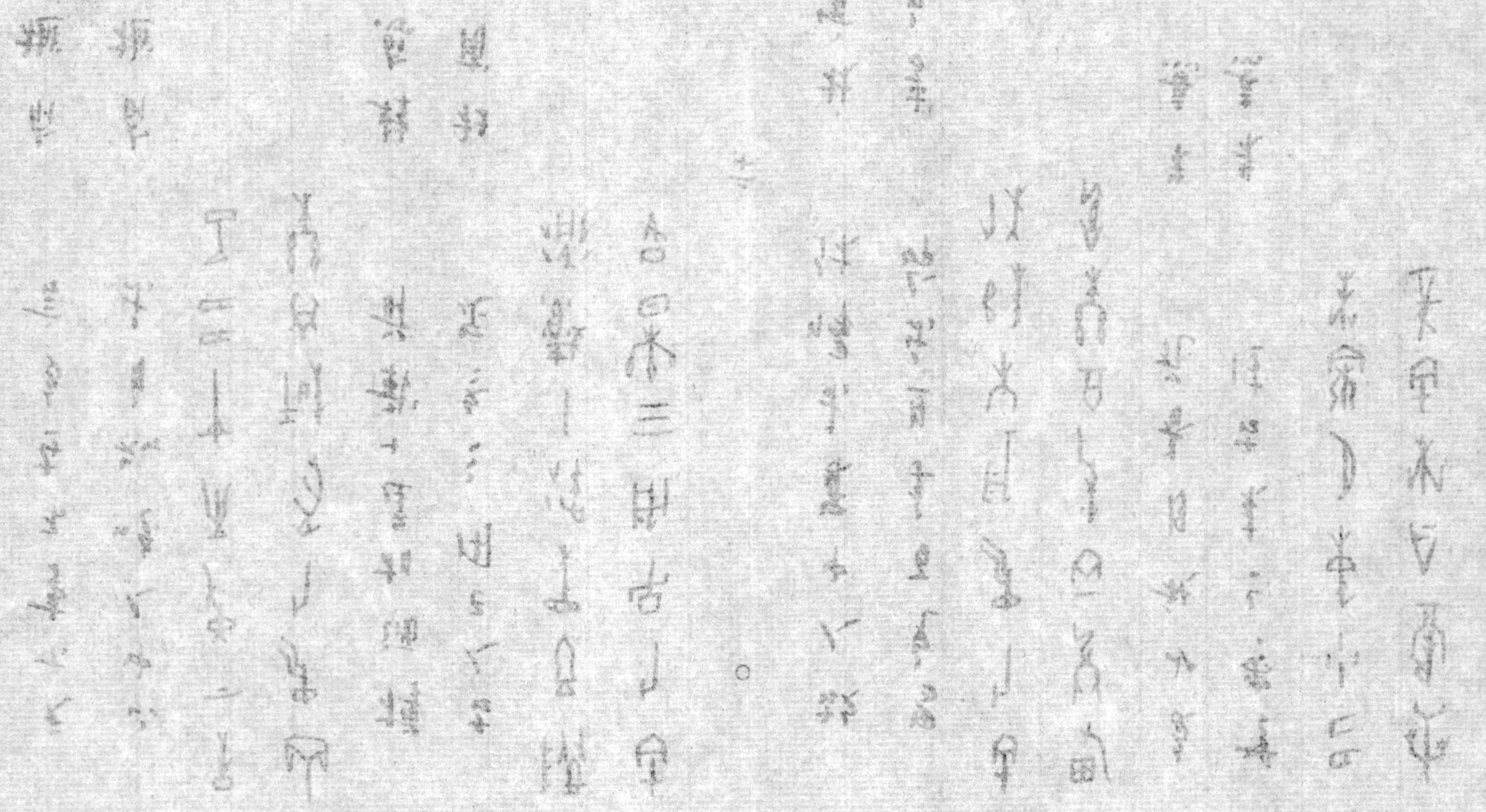

不知北月月南月　黄节

莫遣他人作主人　司空圖

唯有秋风共明月　包佶

好與名山作主人　王安石

唯有幽人自来去　孟浩然

莫問春风各後先　梅尧臣

主人日飲三千客　蘇軾

故老相傳二百年　杜甫

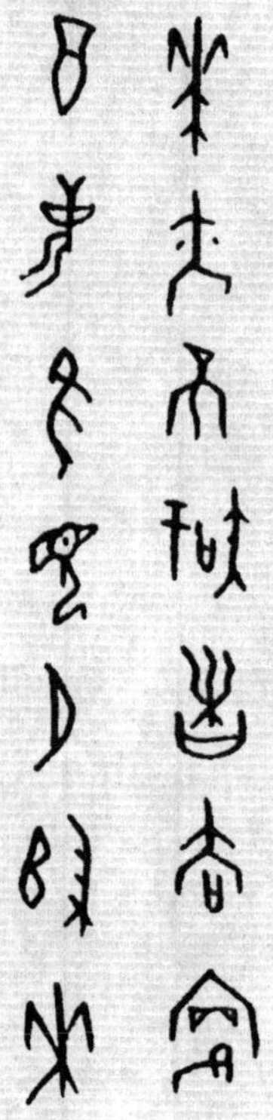

花亦不知春去處　王建
酒中唯見月歸來　徐寅

自從舊物三秋別　管訥
不見東風二月時　杜牧

。

南國吉來風物好　林逋
北山長在月明天　楊巨源

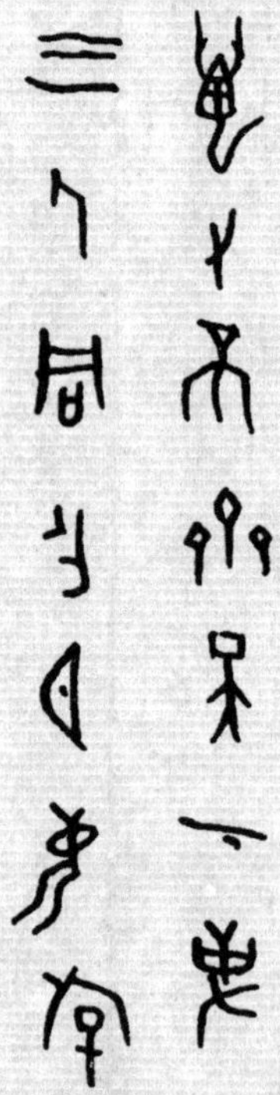

萬有不齊天下事　何紹基
〻人同作月中游　蘇軾

萬戶春風爲子壽　蘇軾

一林明月向人圓　劉言史

自別花來多少事　白居易

不知烟雨古今同　張望

嗟向東西望明月　王安石

不與龜魚作主人　王安石

今夜月明人盡望　王建

古樹風吹鳥又鳴　李龔

多事知田舍好　蘇軾
幽懷不與世人同　張瑩

三載南歸重秋月　周朴
、憐別後逢春陽　梅堯臣

天下三分明月夜　徐凝
雨中一片故山秋　金涓

歲月悠悠人自老　朱繼芳
年華冉冉日初長　張泫

自別錢唐山水後　白居易
一宿咸陽烟雨時　姚鵠

不見山中人十載　于鵠
歸來泉上究三秋　顧非熊

二十五

通六陽林長對飲　于濆
吳門烟月昔同游　許渾

上日五更來作主　龔自珍
為文百事不如人　蘇軾

[illegible]人 [illegible]
[illegible]
[illegible]
[illegible]
[illegible]
[illegible]
[illegible]
[illegible]
○ 二十五
[illegible]
[illegible]
[illegible]二[illegible]三[illegible]
[illegible]
[illegible]
[illegible]
[illegible]
[illegible]

古龛燈烛风雨夜　李龏
秋山人在月明天　顾况

莫对月明怀往事　陆畅
不知春去已多时　吴融

○

得鸣自来明月在　何中
依依长养故乡春　李商隐

长入林院迎明月　张宪
携出门前对野田　白居易

今人不見古時月　李白

野雲出棲自在天　吳璞

莫言今日無知己　李次青

自有春風作故人　李次青

明月有時亦有約　郭鈺

主人來少客來多　白居易

天邊出鳥鳴相和　王安石

月下游魚樂自知　許棠

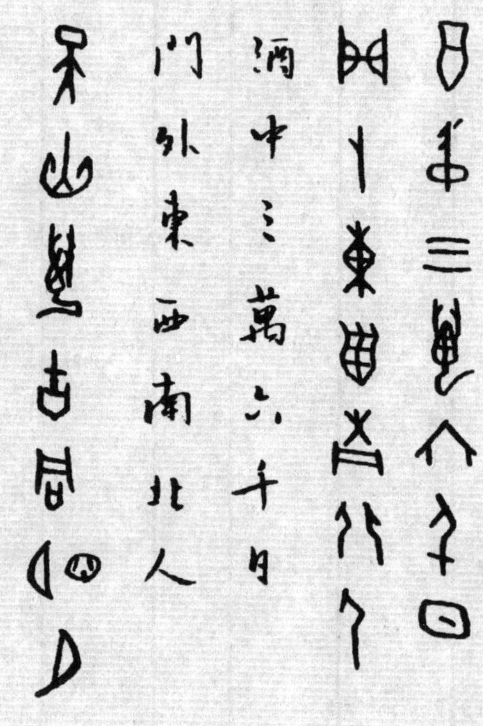

酒中三萬六千日 高心夔

門外東西南北人 高心夔

天山萬古同明月 元好問

田舍千家樂有年 宗邑

二十八

春花秋月年年在 楊億

萬水千山得得來 貫休

唯見天邊秋月白 徐鉉

自從風盡雪山明 曹唐

喜延明月長登戶　徐堅

自有春風為掃門　王安石

不教春雪侵人老　李契

亦見東風使家知　王安石

南去北來人自老　王安石

春花秋月寒中過　湯仲友

一樽冬盡十分酒　趙抃

四老共成三百年　趙抃

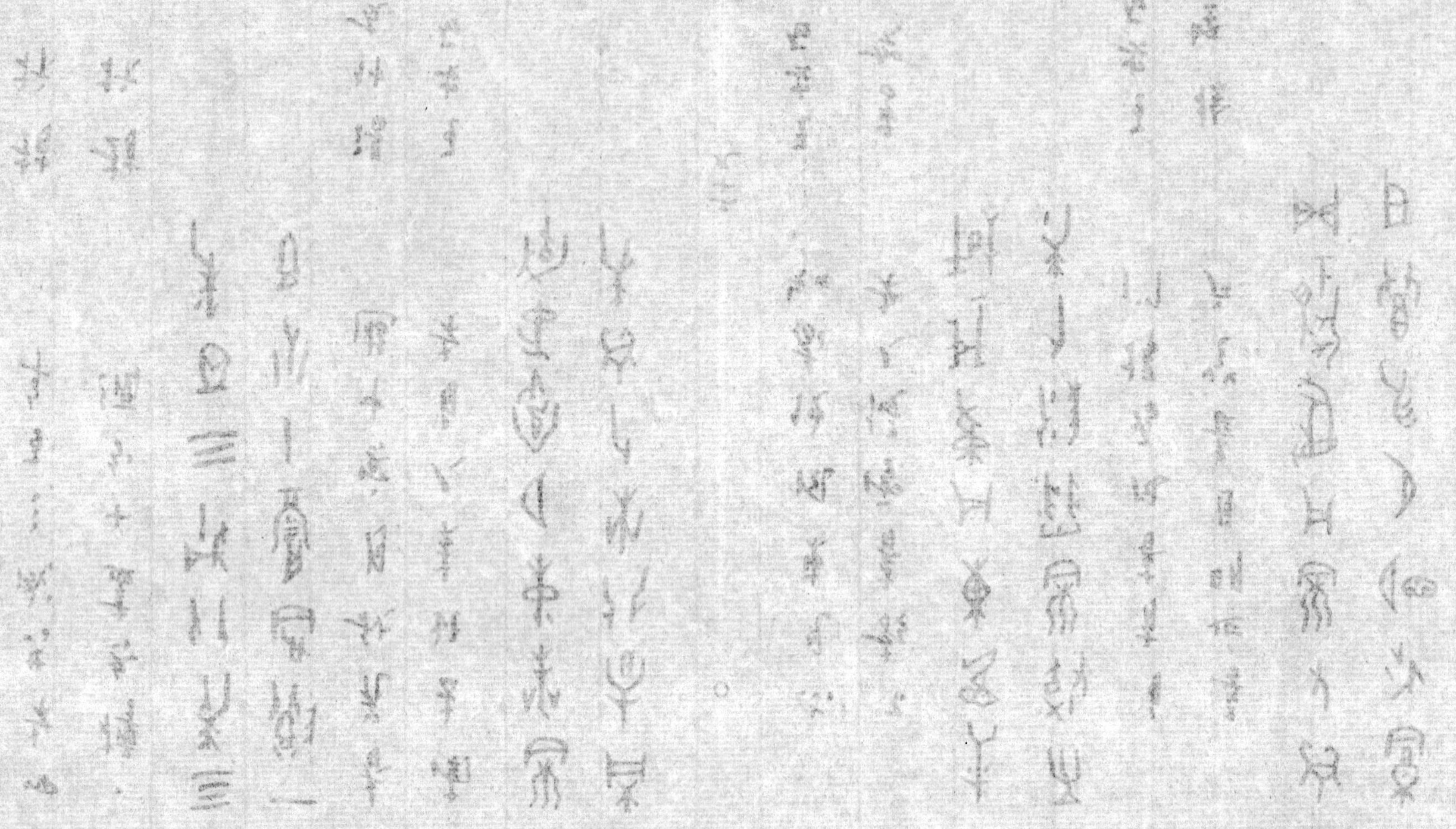

門世寒玉唯風月　陸游
山外人歸帶夕陽　王紳

雨後山川光正發　苗晉卿
春歸風雪及時來　仇遠

年年日日花相似　李瓚
自去自來人不知　許渾

林外有山山有雪　李龏
月光如水水如天　鄭谷

门前春水手手绿　温庭筠

山上秋明日日長　唐球

既安且寧並受其福　詩經

秉文之德亦各有行　詩經

○　三十

先齊其家萬物並育　大学

如保赤子四方歸之　中庸

克長克君育之孫子　詩經

以享以祀宜其家人　詩經

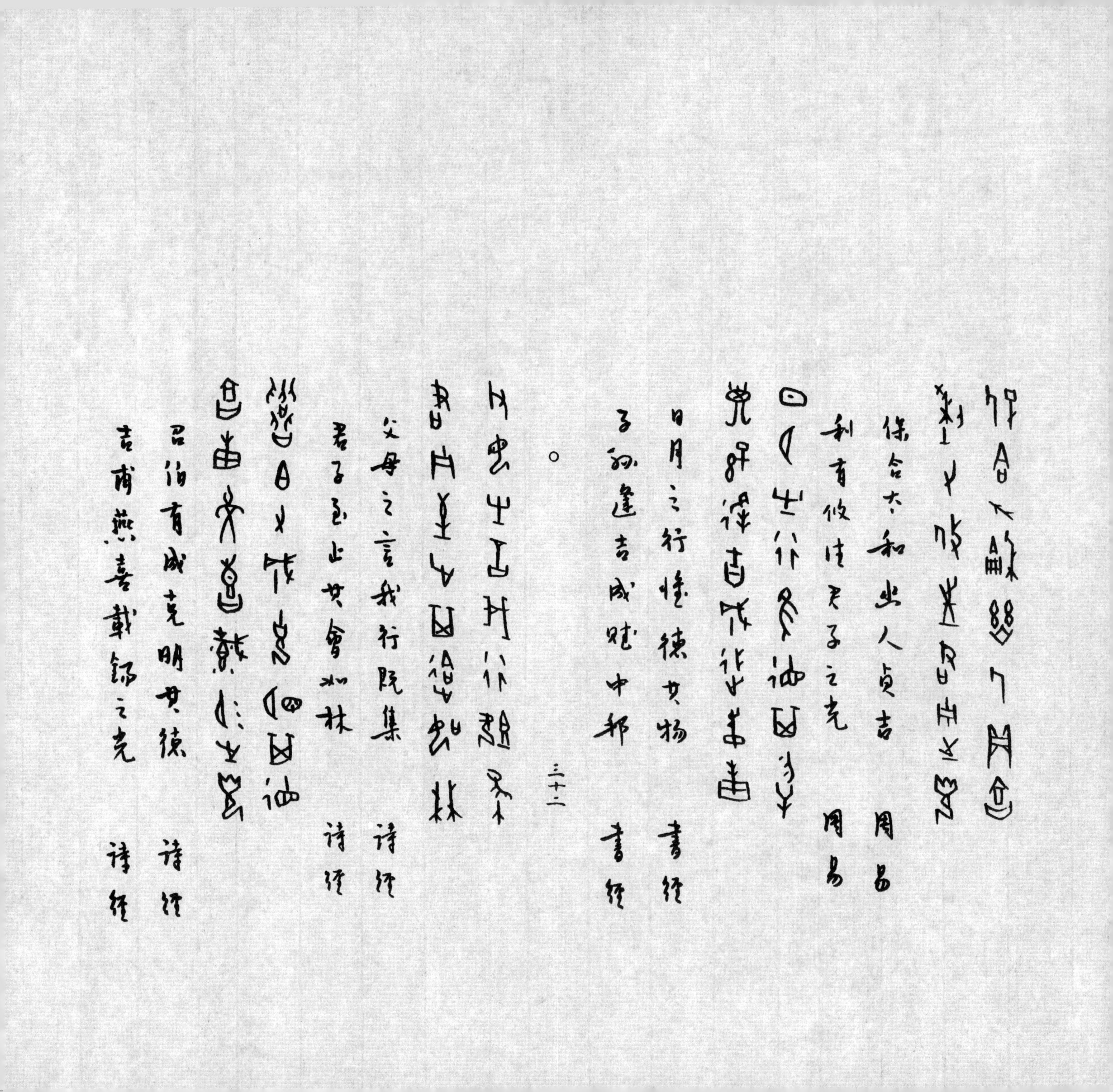

保合太和出人貞吉　周易

利有攸往君子之光　周易

日月之行懷德其物　書經

子孫逢吉成賦中邦　書經

父母之言我行既集　詩經

君子至止其會如林　詩經

召伯有成克明其德　詩經

吉甫燕喜載錫之光　詩經

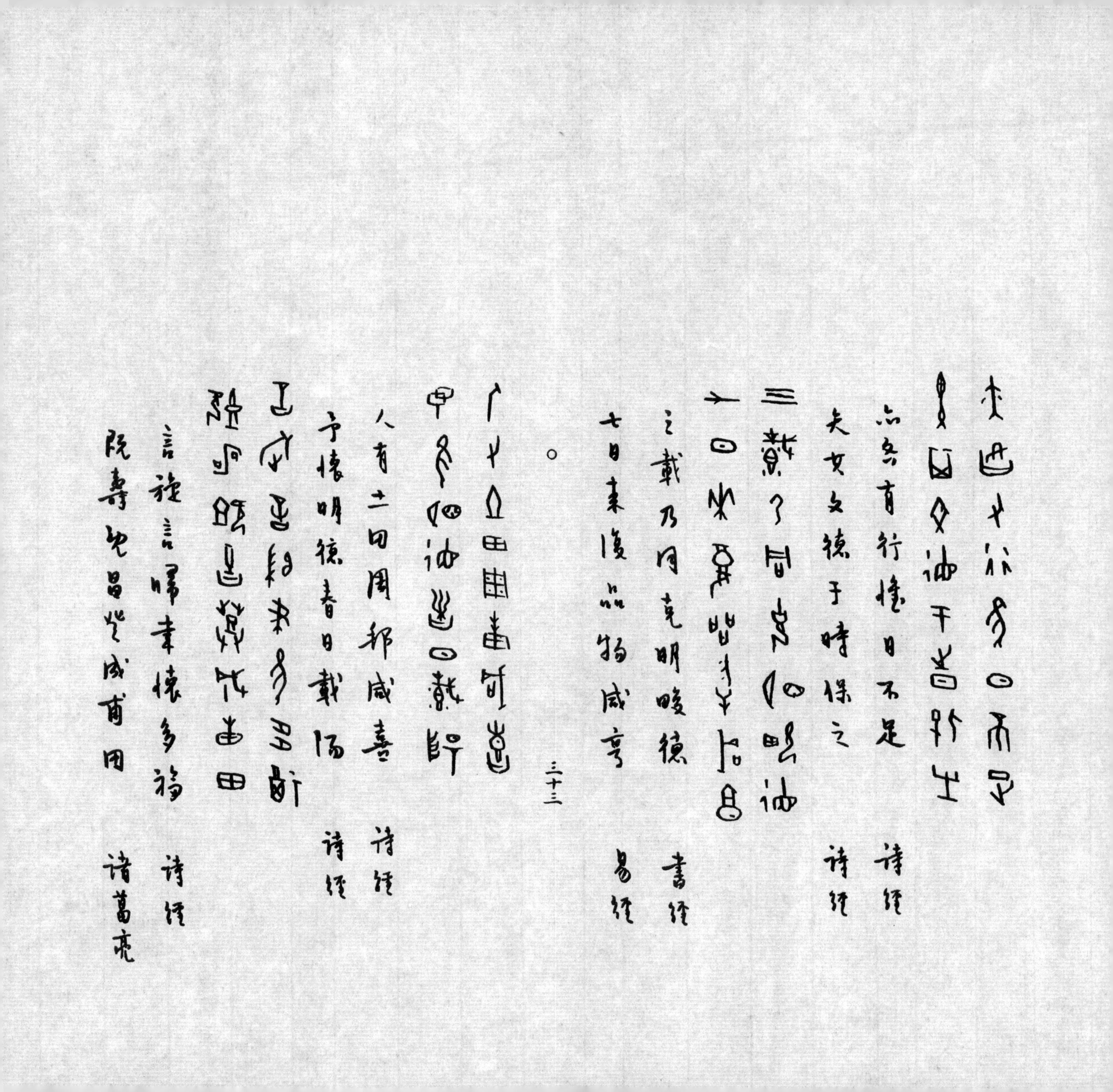

忠亦育行德日不足 诗经

矢女文德于時保之 诗经

之載乃用克明畯德 书经

七日来復品物咸亨 易经

○

人有二日周邦咸喜 诗经

予懷明德春日載陽 诗经

言旋言歸來懷多福 诗经

阮壽兕昌斝成甫用 诸葛亮

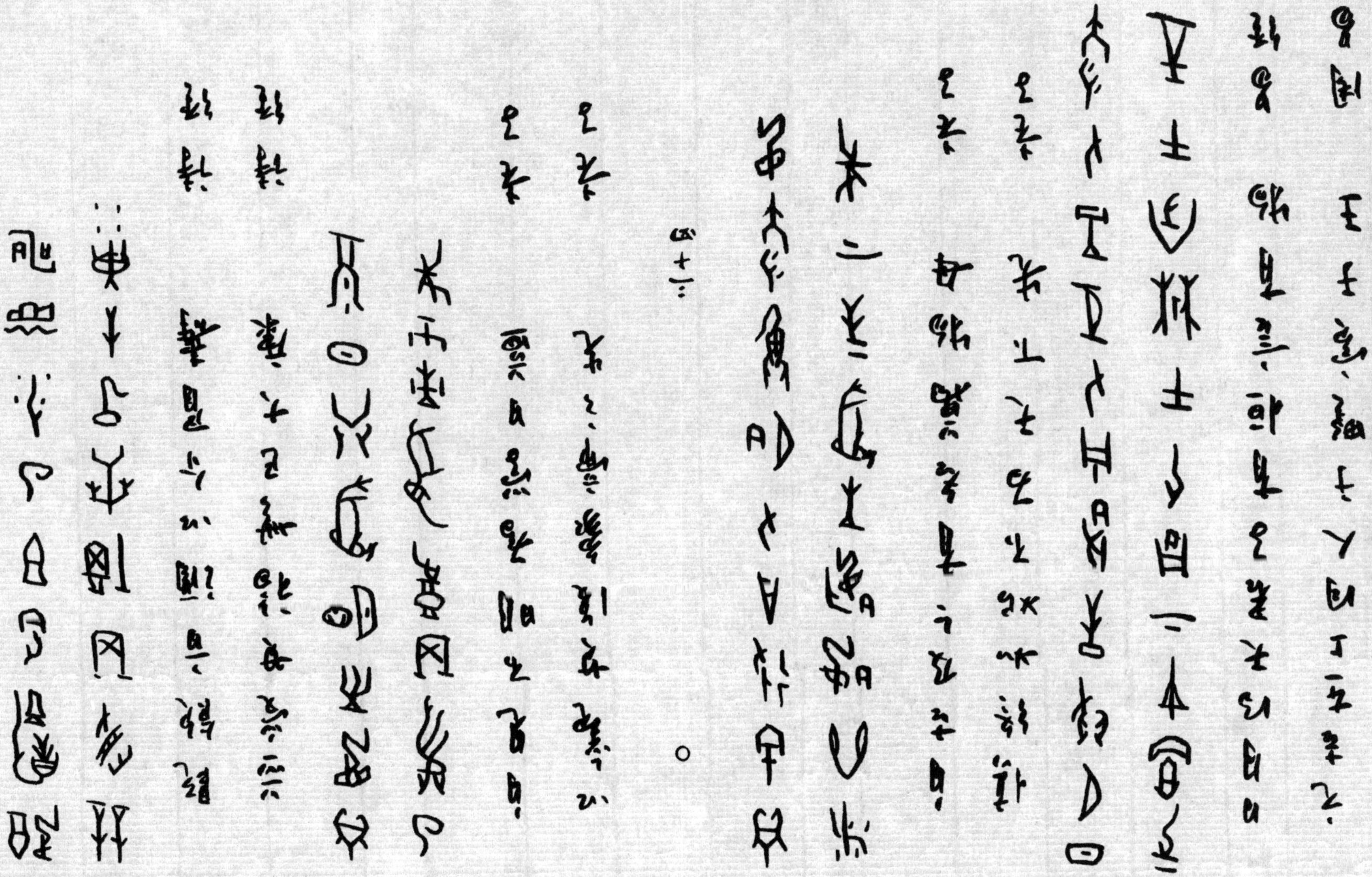

[illegible]

告违知来君子一言以为知　论语

克己复礼其心三月不违仁　论语

天下有始以为天下母既得其母

以知其子既知其子复守其母　老子章句

三十五

家在日出处　高适

林泉有古风　张竞同

竟心同水月　李白

若在有世中　卫谭

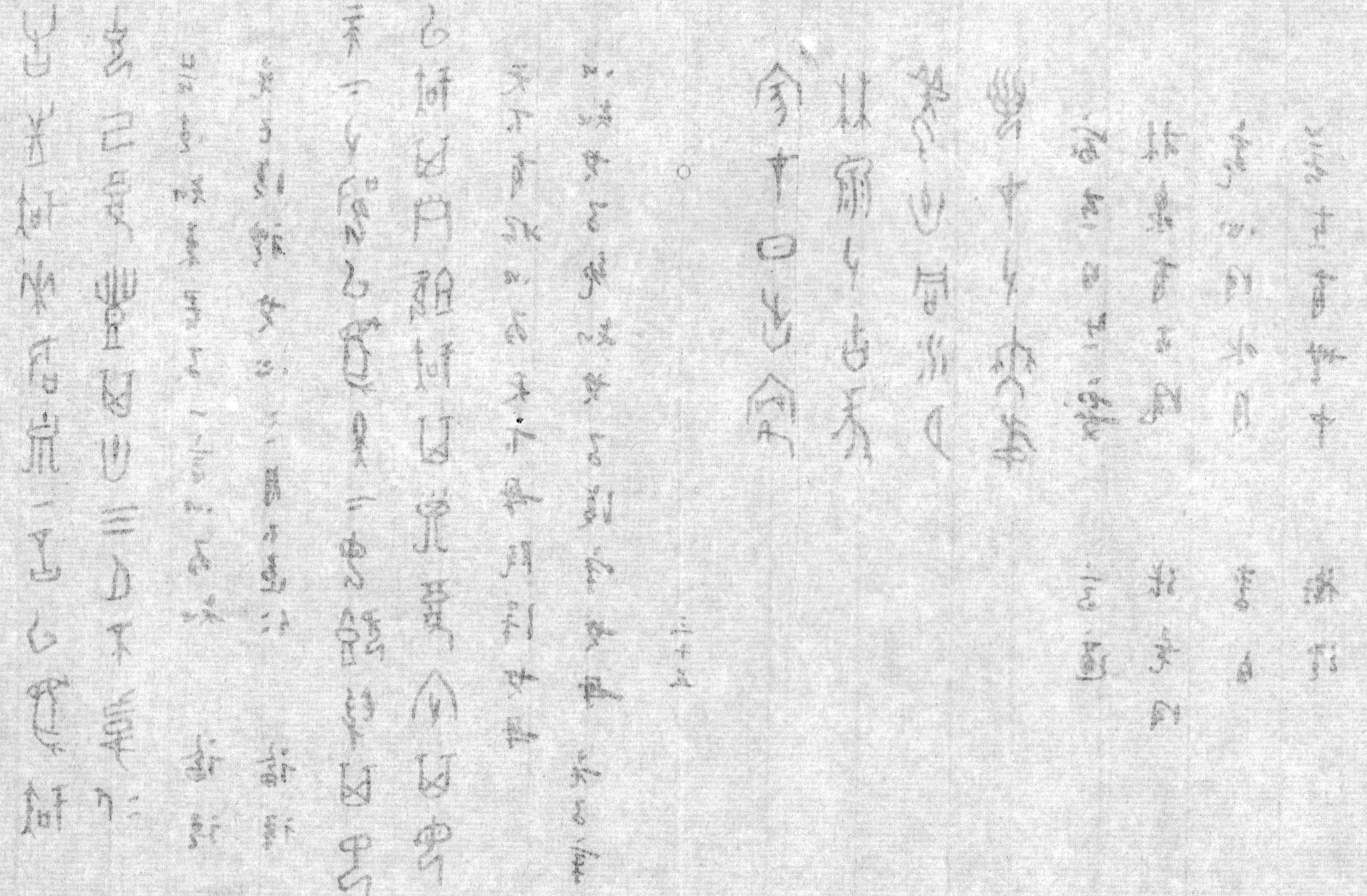
三十五

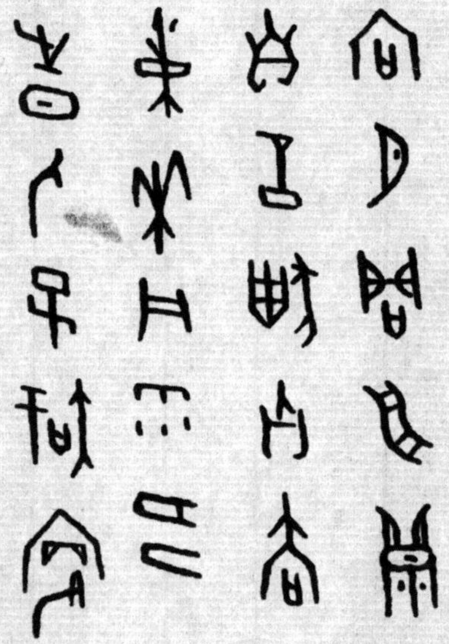

向夕問舟子　孟浩然

自言猶自去　邵雍

秋來風雨多　裴迪

時人已知處　劉長卿

三十六

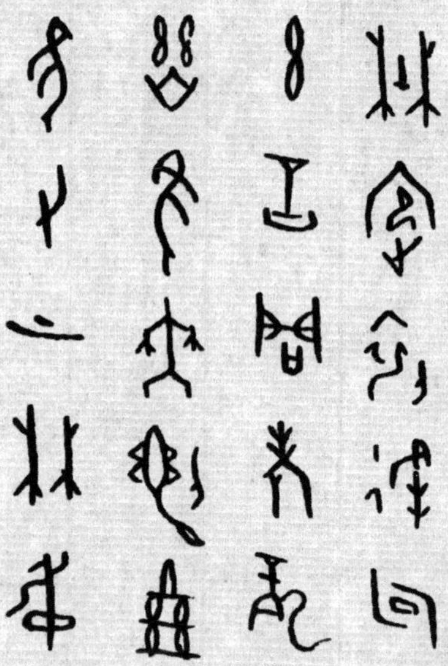

野客初逢向　陳與義

玄言聞老龍　王士禛

幽懷無斷絕　王維

喚月上林中　庾信

買山將來得　戴叔倫
一笑一歸寧　郎士元
驅車鼎門外　谢眺
京月上方行　郎士元

朝日在我東　杨萬里
夕日在我西　杨萬里
我行日亦行　杨萬里
我歸日亦歸　杨萬里

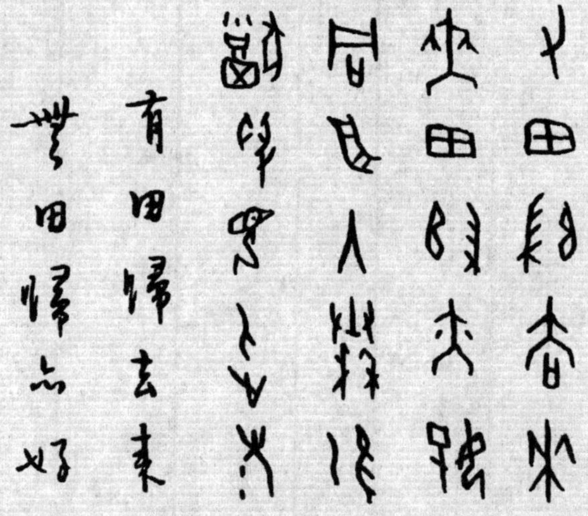

有田归去来
无田归亦好
同舟入秦淮
犹得见此老

梁栋
梁栋
李白
苏轼

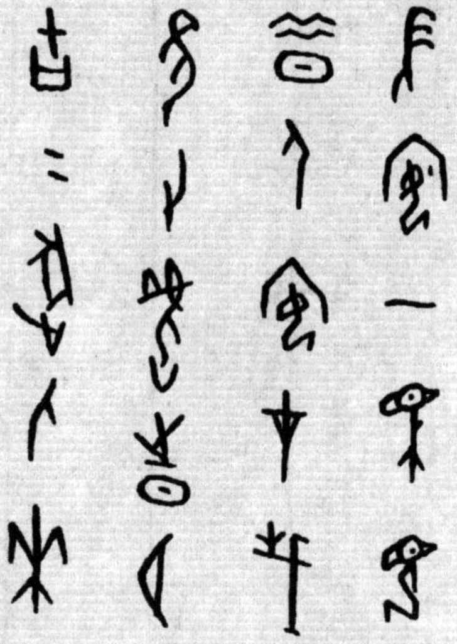

长安一相见
昔人安在哉
嗟有寞时月
故〻逐人来

李白
李白
蔡伸
沈〻述

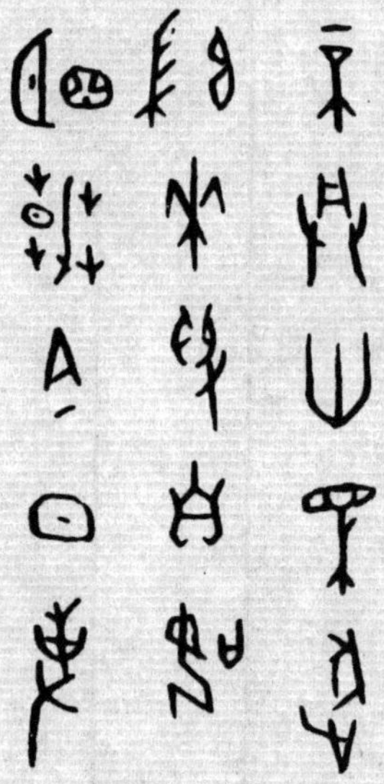

不與世相逢　李白
歸來仍自如　戴復古
明朝之日事　戴復古
天子自相於　賈島

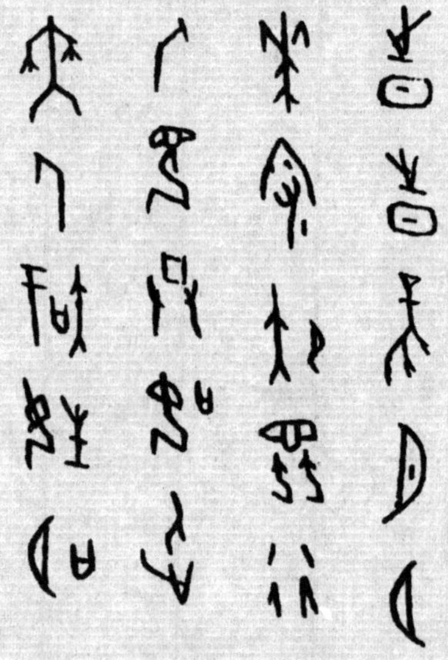

時時風月夕　陸游
花濱柏獨行　劉秉忠
人見其如此　陸游
世人知姓名　陸游

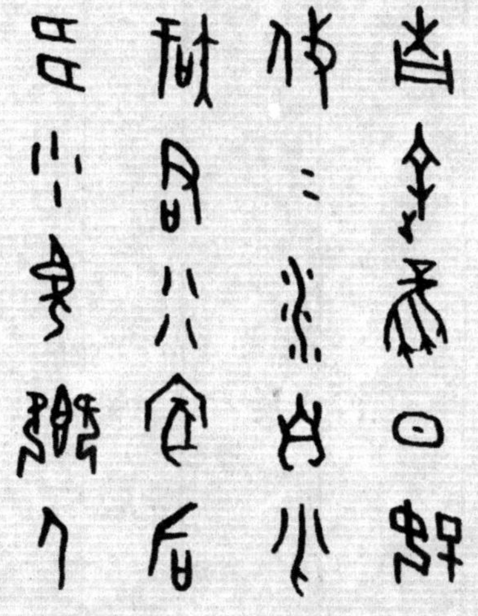

南徐风日好
悠悠水自流
知君别家后
多少望乡人

皇甫冉
张继
李中
王贞白

四十

昔去雪如花
今来花如雪
日暮行采归
狂风吹古月

范云
范云
颜延之
李白

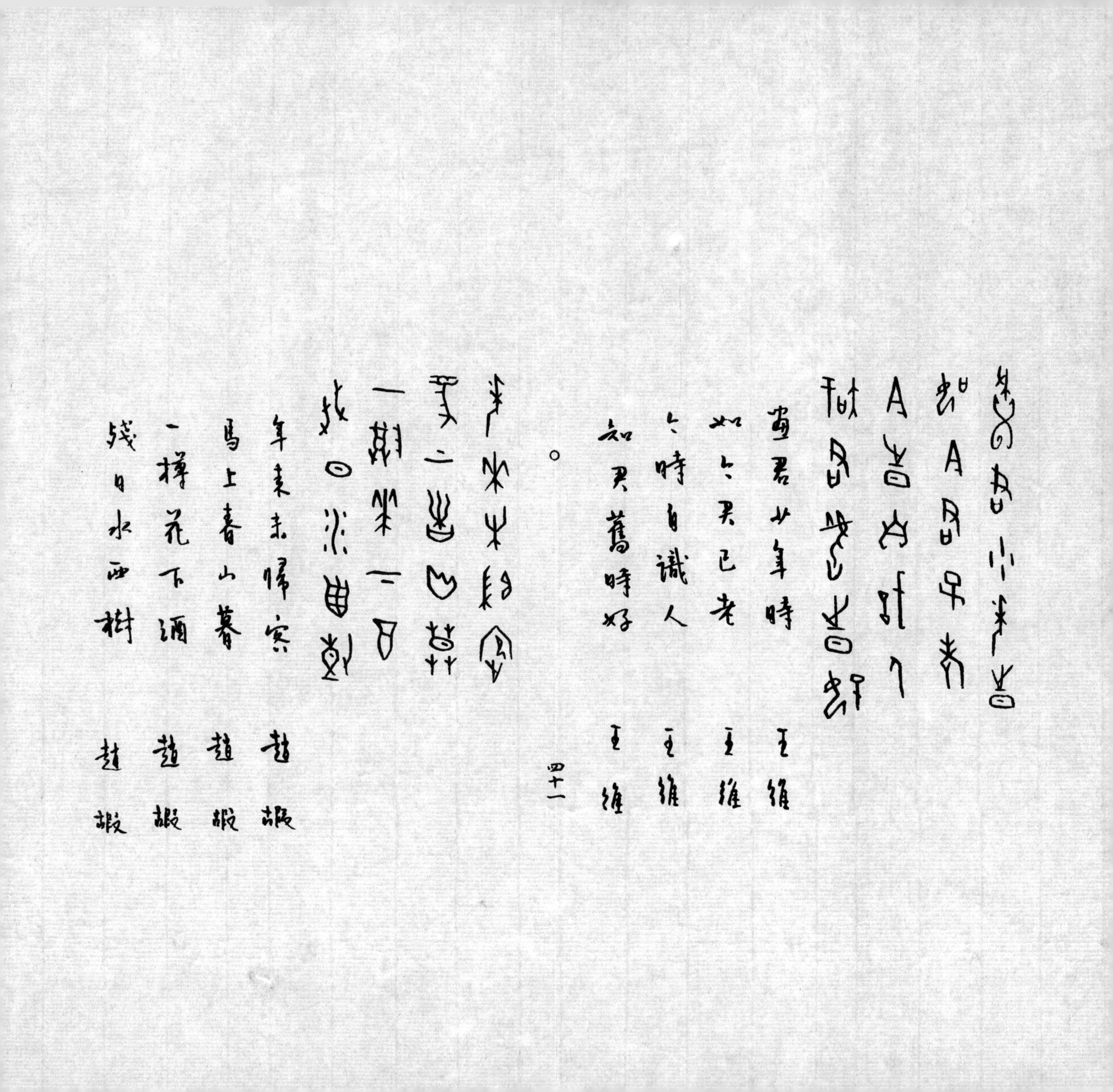

畫君少年時　王維
如今君已老　王維
今時自識人　王維
知君舊時好　王維

四十一

年來未歸客　趙嘏
馬上春山暮　趙嘏
一樣花下酒　趙嘏
殘日水西樹　趙嘏

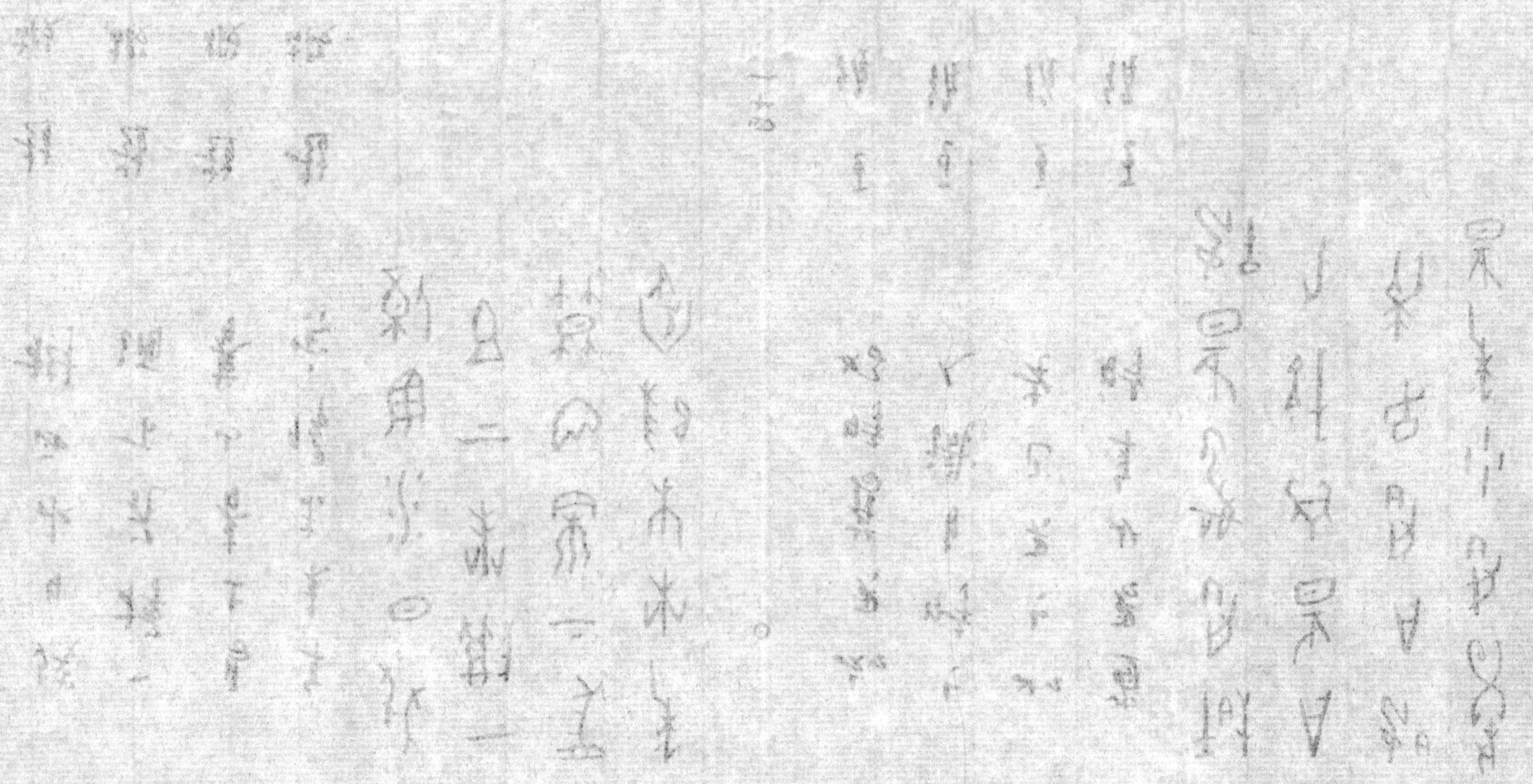

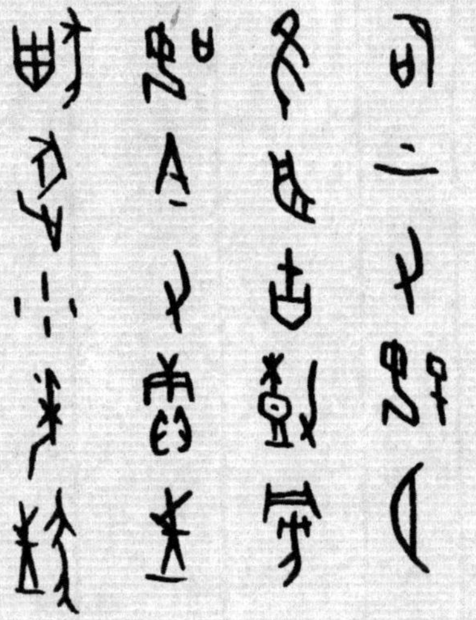

石上有好月　李白
維舟古樹傍　戴復古
如今又續佳　蘇軾
樯逐少年狂　戴復古

四十二

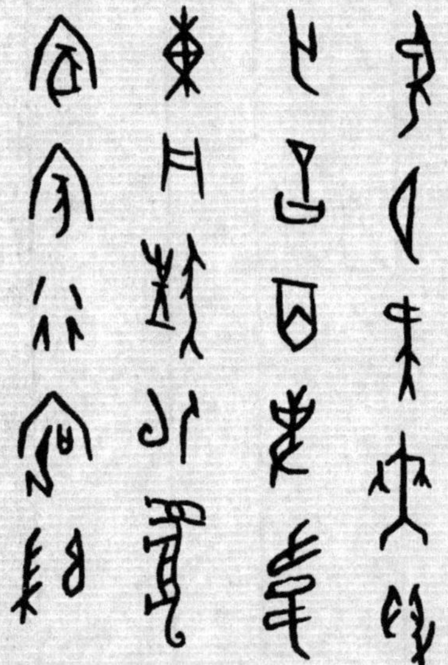

望月疑無得　李頎
無言百事違　韋應物
東风狂似虎　韓偓
家家行客歸　张籍

[illegible]

四十二

[illegible]

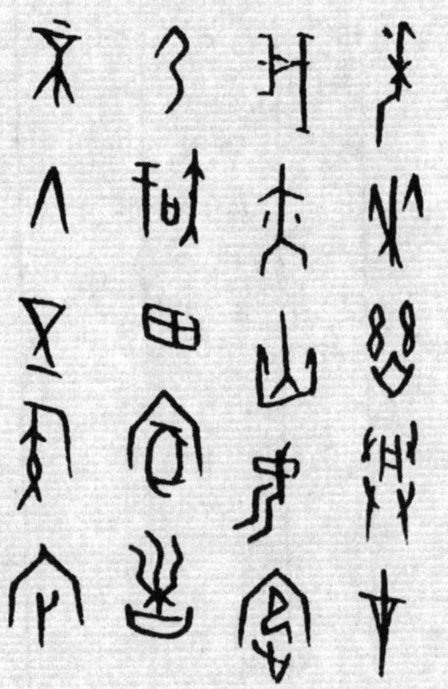

年來出無事 鄭嵎

家在山中客 王維

乃知田家春 孟郊

不入五侯宅 孟郊

四十三

我昔少年日 蘇軾 爲樂不知秋 李白

自作秦淮客 王士禛 初爲吳越游 劉長卿

白衣千萬乘 李白 花下一漁舟 孟浩然

縱百十日飲 蘇軾 客去室幽幽 蘇軾

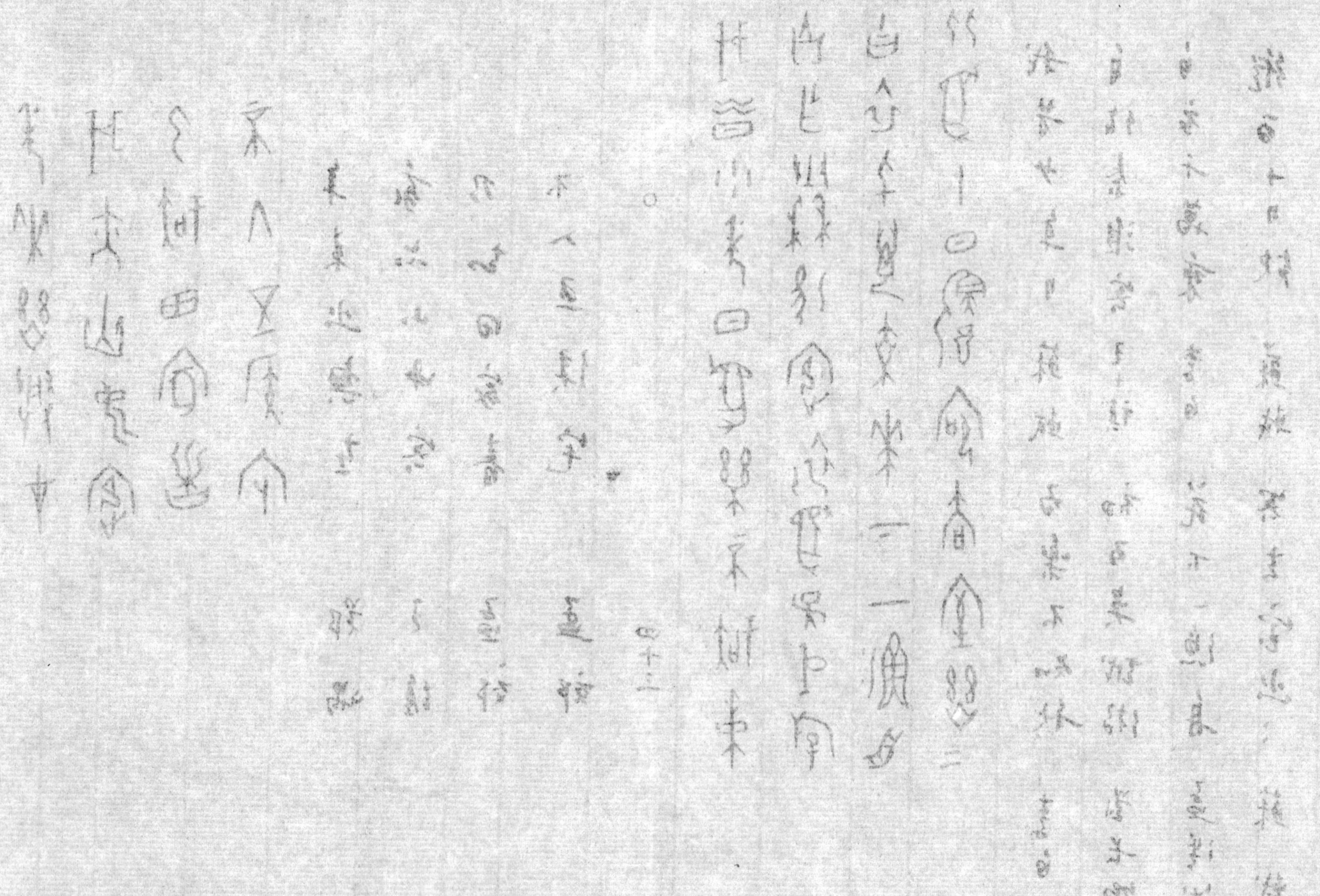

古樹夕陽盡 王仲 秋泉入戶鳴 錢起

山花時自發 徐禎卿 行客不知名 柳渾

只應山中宿 呂渭 吟多馬上成 李師中

乍疑秦世客 戴叔倫 漸來見公卿 牟融

四十四

不知春去未 請從檻一望百川通 陳亞

雲々山依舊 耿湋 年々事不同 耿湋

白雲行水上 朱服 斜月入林中 王安國

東風如解事 劉子翬 花下復相逢 吳沆

知己從來不易得　高適
歸舟以上又逢君　杜荀鶴
南去北來人自老　王安石
卅年心血盡于文　劉詒

秋水為文不受塵　蘇軾
買得西山正直春　竇鞏
上馬出門回首望　三獅楚
風光終未老於人　梅堯臣

行逢野客多相問
唯有使君遊不歸
不分東君專節物
年來事事與心違
。

行逢野客多相問　白居易
唯有使君遊不歸　蘇軾
不分東君專節物　蘇軾
年來事之與心違　蘇軾

翁之樂者山林也
客亦知夫水月乎
萬事不如情自好
百年長與酒為徒

翁之樂者山林也　方岳
客亦知夫水月乎　方岳
萬事不如情自好　方岳
百年長與酒為徒　溫閒

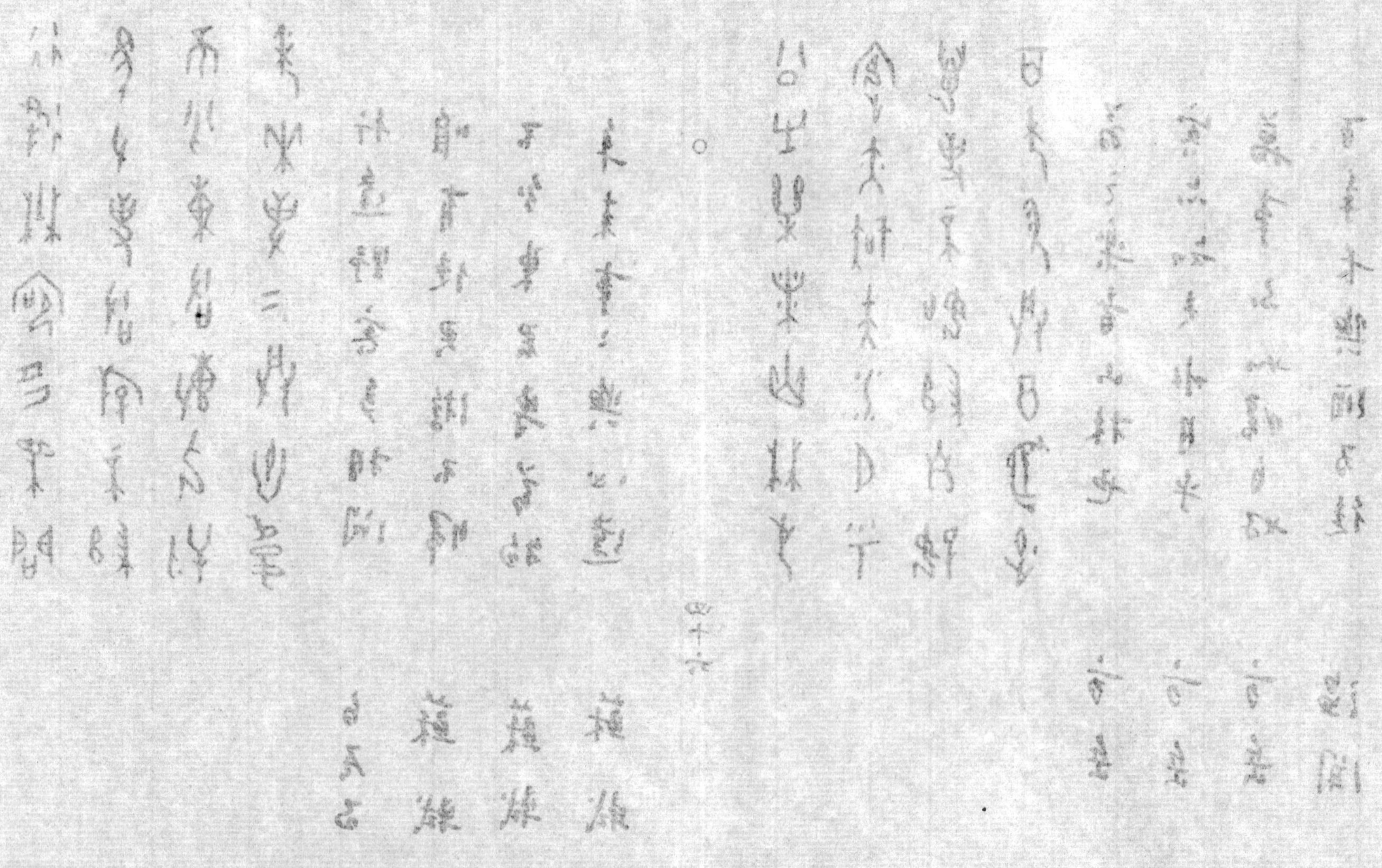

華山之下長歸馬　張碧
林泉人比鄭公鄉　皇甫冉
不知明日西川去　李涉
夜雨懷人天一方　高翥

〇

東邊日出西邊雨　王安石
一鳥不鳴山更幽　王安石
白下門東春已老　王安石
六朝風雨又維舟　王士禛

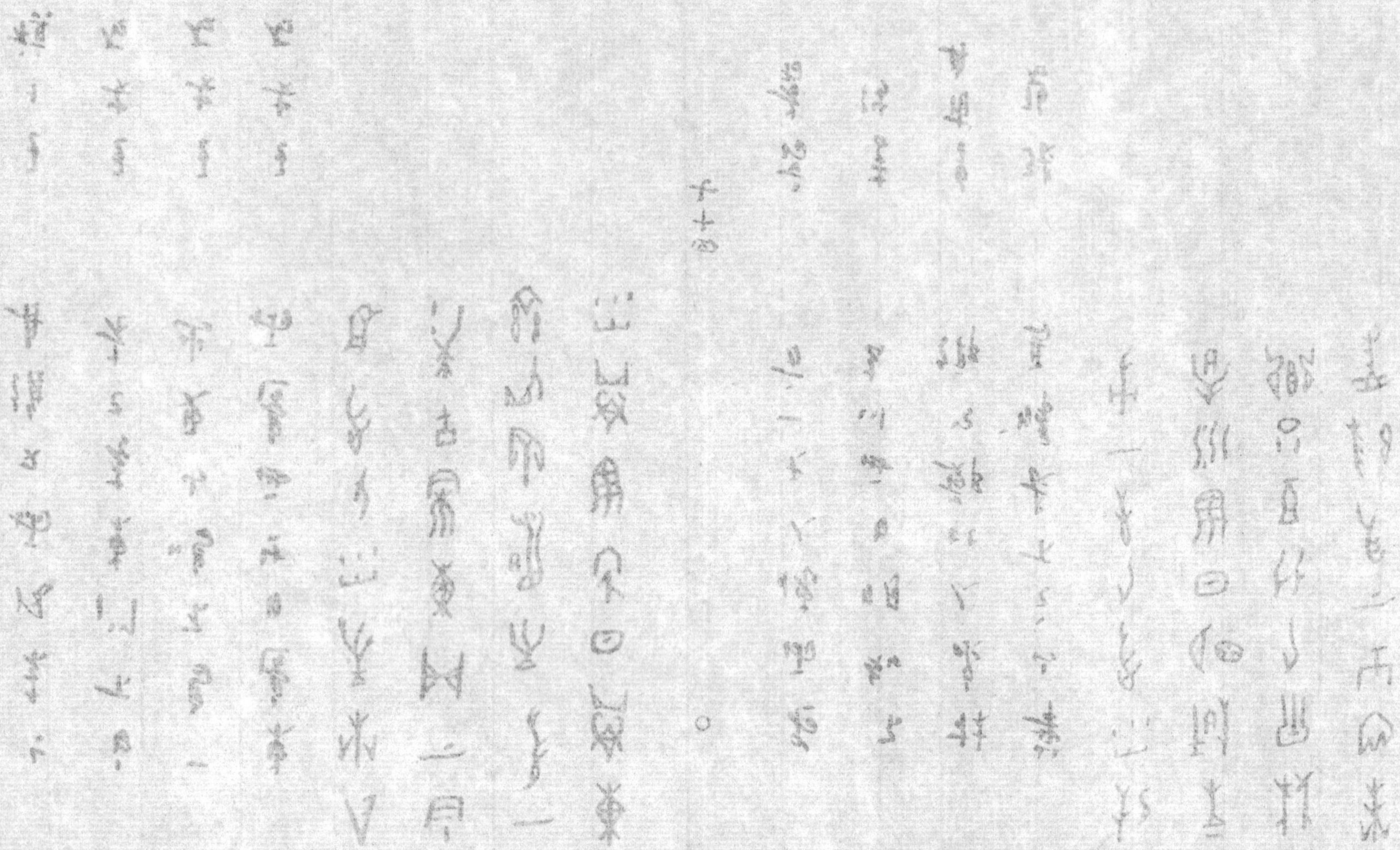

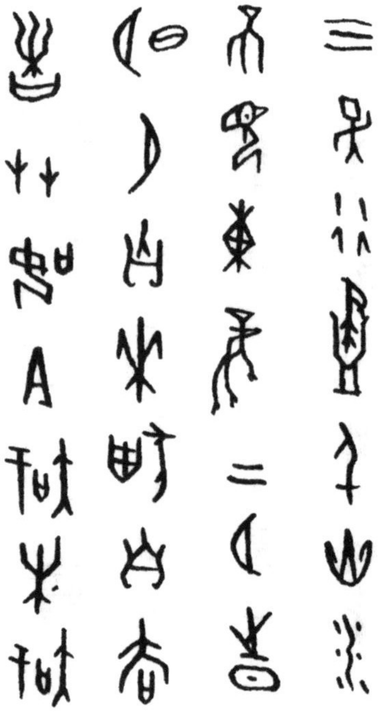

三吳行盡千山水
下見東風二月時
明月自來還自去
春草如之知未知

蘇軾
杜牧
崔櫓
韋蟾

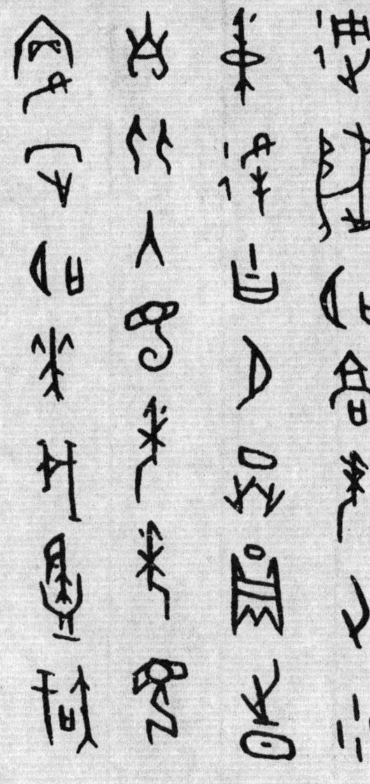

通籍名高年又少
秋逢白月正圓時
自從入寫手手見
雲雲各花家未知

朱慶餘
白居易
諸杼
喻鳧

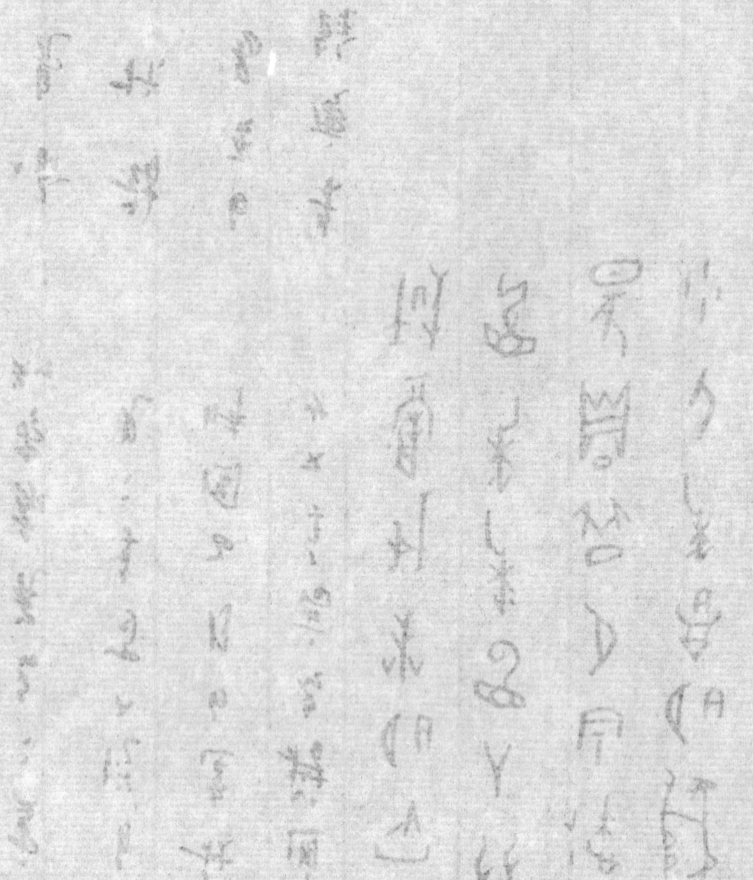

行樂四方年八十　王安石
去去寧為燕雀知　黄萱
莫遣心中世一事　林億
秋田莫見五麦兒　李嘉祐

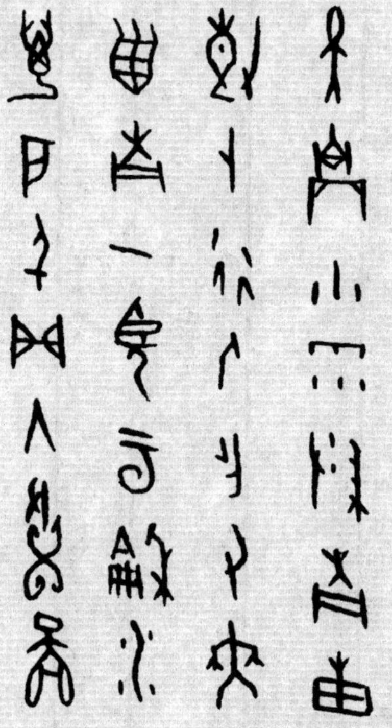

天邊小雨侵南圃　张法
樹外行人各有世　朱继芳
西南一望雲和水　王翰
萬户千门入画圖　李白

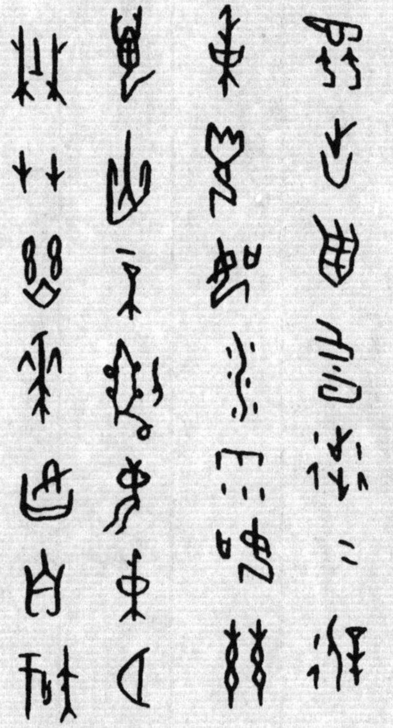

獨生西垣步之遲　葉適
秋光如水雨如絲　徐鉉
關山不斷中秋月　周楨
野艸出花冬自知　蘇軾

家從以後如一日　蘇軾
自入秦關策月遠　王士禛
心力長年人事外　王安石
多謝君侯獨見知　張蠙

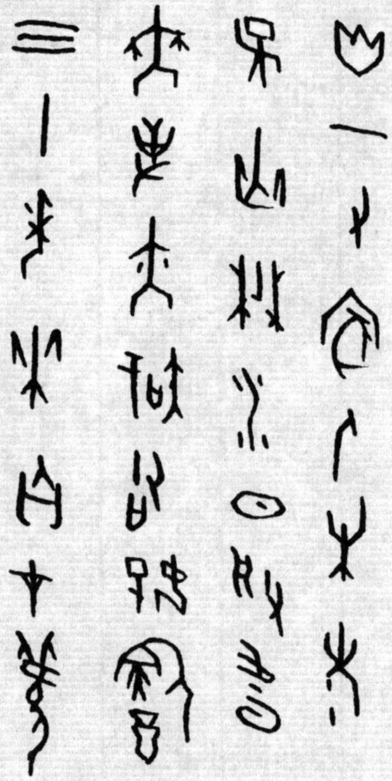

山下有家人未老　郑嵎

吴山野水日盘桓　韩翃

世事亦知吾好饮　苏轼

三十年来月在窗　孟贯

上阳相树正秋风　杜牧

水国人家在处间　钱起

四十年来车马绝　张籍

子归来去在山中　杨凝

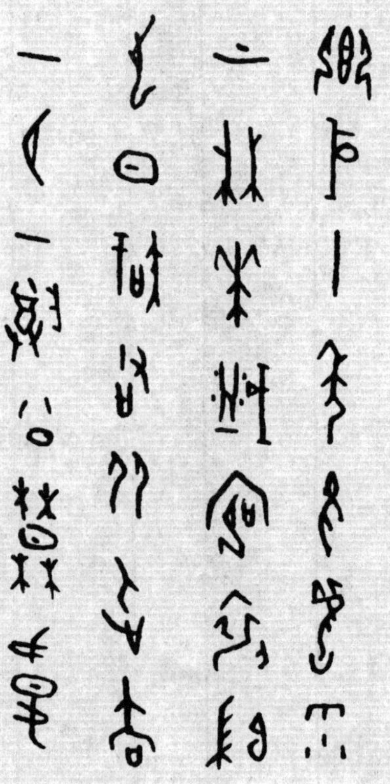

鄉國十年懷舊雨
上林花盛客初歸
他日知君從此去
一夕一樽翁莫違

范成大
周禎
張籍
鄭嵎

自君去後交遊少
舊雨來人不到門
一行已作三年別
六日逢君事莫論

張籍
蘇軾
張籍
羅隱

圖書在版編目（CIP）數據

甲骨集古詩聯上編 / 簡經綸著. -- 杭州 : 西泠印社出版社, 2022.2
ISBN 978-7-5508-3711-9

Ⅰ. ①甲… Ⅱ. ①簡… Ⅲ. ①甲骨文－匯編②古典詩歌－詩集－中國③對聯－作品集－中國－古代 Ⅳ. ①K877.13②I222③I269.6

中國版本圖書館CIP數據核字(2022)第015609號

甲骨集古詩聯上編
簡經綸 著

出品人 江 吟
出版發行 西泠印社出版社
地址 杭州市西湖文化廣場三十二號五樓
聯繫電話 〇五七一―八七二四三〇七九
責任編輯 劉遠山
責任校對 劉玉立
責任出版 馮斌强
經銷 全國新華書店
製版 杭州如一圖文製作有限公司
印刷 杭州蕭山古籍印務有限公司
開本 八八九毫米乘一一九四毫米 十六開
印張 十六
印數 〇〇〇一—一五〇〇
書號 ISBN 978-7-5508-3711-9
版次 二〇二二年二月第一版 第一次印刷
定價 貳佰叁拾陸圓